Klaus Huhn

# Aufarbeitung
# Doping West

ISBN 978-3-360-02020-8

spotless erscheint im Verlag edition ost
Redaktion: Frank Schumann

© 2009 edition ost im Verlag Das Neue Berlin, Berlin
Umschlaggestaltung/Satz: edition ost
Druck und Bindung: Salzland Druck, Staßfurt

Ein Verlagsverzeichnis schicken wir Ihnen gern:
Das Neue Berlin Verlagsgesellschaft mbH
Neue Grünstr. 18, 10179 Berlin
Fax 01805/35 35 42
Tel. 01805/30 99 99
(0,14 Euro/Min., Mobil abweichend)

Die Bücher von spotless werden von der
Eulenspiegel Verlagsgruppe vertrieben.
Bezug im Abonnement: 12 Ausgaben im Jahr,
Jahresabonnement Inland 59,50 Euro,
Europa 74,50 Euro, Welt 84,50 Euro
Einzelausgabe: 5,95 Euro
*www.spotlessverlag.de*

# Inhalt

# Probleme mit dem Titel?

Dieser ist zu reißerisch? Schließlich: Ist in unseren Breitengraden von Doping die Rede, ist in der Regel von der DDR die Rede. Dabei wäre Doping ein unerschöpfliches Thema – für die BRD. Nur: Früher ward es verschwiegen, und heute wird immer eine Spur gefunden, die in die DDR führt.

Denn: Dem Laien würde man gern weismachen wollen, Doping wurde in der DDR erfunden! Um Medaillen zu ersiegen und unzufriedenes Volk ruhig zu stellen.

Zugegeben, manchmal war auch anderswo von Doping die Rede, aber unter den Deutschen blieb es die letzten zwanzig Jahre *das* Standard-Thema Ost.

Als man das nachweisen wollte, wurden 10.000 (in Worten: Zehntausend) DDR-Athleten aufgerufen, sich als »Opfer« zu melden. 3 (in Worten: drei) Prozent kamen am Ende zusammen. Dann schwärmten Kriminalisten aus, die Kronzeugen auftreiben sollten, vor allem Kinder, denen man blaue Pillen unter die Frühstückshaferflocken gerührt haben sollte. Staatsanwälte ließen stapelweise Anklagen schreiben, aber wenn die Prozesse nicht vorankamen, empfahlen die Richter »Vergleiche« (Neudeutsch: Deals), weil die Beweise nicht zulangten. Und so zahlte zähneknirschend eine Geldstrafe, wer die angedrohten Prozesskosten scheute. Bis heute werden noch immer »Täter« angemacht, angeschuldigt, angezeigt, angegriffen, angeklagt.

Zuweilen kam zwischendurch die Rede darauf, dass auch in der Alt-BRD und in der Neu-BRD hemmungslos gedopt wurde und wird, aber wenn derlei ruchbar wurde oder wird, eilten augenblicklich »Doping-Experten« an die Unfallstelle und spannten das Tarntuch »DDR« auf.

Nicht, weil ich einen Sinn darin sehen würde, ausgerechnet mit diesem Thema, bei dem es um die Gesundheit von Menschen geht, eine »Aufrechnung« Ost gegen West zu Papier zu bringen, sondern weil wenig einleuchtend erscheint, täglich den Osten »aufzuarbeiten« und den Westen unter den Teppich zu kehren. Daher kam mir in den Sinn, das Thema noch einmal aufzugreifen. Zumal die Beweise sich zu stapeln begannen.

Ich bin übrigens keineswegs der Erste, der sich dieses Themas annimmt. Ich erinnere mich an den Abend des 5. Februar 1998. Es war winterlich kalt. Wir waren eingeladen worden in die Universität Potsdam und zwar vom Institut für Sportwissenschaft, Arbeitsbereich Zeitgeschichte des Sports. Angekündigt worden waren Andreas Singler und Prof. Dr. Gerhard Treutlein (Heidelberg). Sie wollten reden über: »Doping nur im Osten? Historische und soziologische Aspekte zu Manipulationen im Spitzensport der Bundesrepublik vor 1990.«

Und im Beitext hieß es dazu: »Nicht nur die staatlich gelenkten Manipulationen im Spitzensport der DDR werden gegenwärtig mit wissenschaftlichen Mitteln untersucht. Die Sportwissenschaft setzt sich genauso auch mit den Verhältnisse *(Druckfehler – K. H.)* im Westen Deutschlands vor 1990 auseinander. Die Referenten werden zunächst ihre Methoden schildern und dan (siehe oben) einen Zwischenbericht über erste gesicherte Ergebnisse ihres laufenden Projekts geben.«

5

Unterschrieben hatten Dr. Giselher Spitzer, GD Prof. Dr. Hans Joachim Teichler – beide rund um die Uhr damit befasst, die Sünden der DDR auf diesem Gebiet »aufzuarbeiten«.

Die in Potsdam erscheinende *Märkische Allgemeinen Zeitung* schrieb am 7. Februar 1998 dazu: »Was die beiden *(gemeint waren Singler und Treutlein – K. H.)* zu vermitteln hatten, war mehr als dünn. Sie hatten in Zeitungsarchiven gestöbert und dort zahlreiche Artikel zum Thema gefunden. Hinter ihnen liegt eine Befragung von 40 Personen, die nicht mit Namen genannt werden durften. Darauf basierend, versuchten Treutlein und Singler Doping-Thesen zu konstruieren, aber ohne jegliche Beweiskraft.

Nur eines haben sie den Zuhörern vermittelt: Gedopt wurde auch im westdeutschen Sport. Das aber ist weder neu, noch wurde es mit Fakten belegt. [...]

Ein Vorwurf an die Referenten wäre falsch adressiert. Treutlein hat mehrfach versucht, ein Forschungsprojekt anzuschieben. Dafür aber gibt es keine Fördermittel.«

Die *Frankfurter Allgemeine Zeitung* berichtete über den Abend: »›Doping nur im Osten?‹ Unter dieser Fragestellung lud Giselher Spitzer ein, der sich im Auftrag des Bundestages seit zwei Jahren mit Wissenschaftskollegen mit der Aufarbeitung der staatlich gelenkten Manipulation im Spitzensport der DDR beschäftigt. [...] blieb es im eineinhalbstündigen Referat von Treutlein/Singler bei ollen Kamellen und Gerüchten. Da war es der Sache wenig nützlich, wenn Treutlein immer wieder bedauerte, dass ihnen keine finanziellen Mittel wie beiden Kollegen in Potsdam zur Verfügung stünden oder gar ein

von der Bundesregierung legitimierter Forschungsauftrag vorliege. […] Treutleins Quintessenz: Doping war hüben und drüben üblich. Wörtlich sagte er: ›Es wurde auch im Westen umfassend gedopt.‹ Auf die Frage aus dem Hörsaal, weshalb denn jahrelang verantwortliche Mediziner wie Olympia-Arzt Joseph Keul und der Freiburger Armin Klümper bis heute nahezu unbehelligt blieben, meinte der Heidelberger Pädagoge: ›Sie waren einfach clever und haben zu wenige Spuren hinterlassen.‹«
*(FAZ vom 9. Februar 1998, S. 32)*

Die beiden Reporter hatten tatsächlich in etwa beschrieben, was der winterkalte Abend beschert hatte: kaum neue Tatsachen, nur die von niemandem bestrittene Feststellung, dass in der Bundesrepublik Deutschland niemand einen Cent dafür übrig hatte, das Vor-1990-Doping in der BRD zu erforschen oder – so der heutige gängige Begriff – »aufzuarbeiten«.

Seitdem ist mehr als ein Jahrzehnt vergangen, und ich konstatiere, dass sich daran nichts geändert hat.

Ich hatte zwischendurch an einem vom Verein »Sport und Gesellschaft« initiierten Buch mitgearbeitet, Co-Autoren waren Prof. Margot Budzisch und Dr. Heinz Wuschech. Der Titel lautete: »Doping in der BRD«. Das Buch war schnell vergriffen. 19,80 DM kostete es damals im Laden, jetzt ist es im Antiquariat für mindestens 46,99 Euro zu haben!

Das Thema interessiert hierzulande immer noch. Und nicht nur in Fachkreisen oder an Stammtischen.

Als Kronzeugen dafür kann ich immerhin Wolfgang Schäuble ins Feld führen. Der hatte als Bundesinnenminister oft genug Doping in der BRD geleugnet, aber am

27. März 2009 überraschend in der *Frankfurter Allgemeinen* erklärt: »Wir Menschen neigen dazu, durch Übersteigerung alles zu gefährden. Das ist in der Finanz- und Bankenkrise nicht anders. Und das ist im Sport so. Alle wollen gewinnen. Im Zweifel sind wir alle in der Versuchung zu schummeln.«

Er gestand sogar, dass der Sport auch für ihn Teil des Kalten Krieges gewesen sei: »Er war natürlich Teil des System-Wettbewerbs. Das sollte man nicht zu lange in Abrede stellen. Die gesamtdeutschen Olympiaausscheidungen 1960 und 1964 waren ja fast spannender als die Olympischen Spiele selber, so groß war die Rivalität. Aber es war richtig, dass wir wieder und wieder gesagt haben, man kann auch unter freiheitlichen Bedingungen Schritt halten. Die DDR war uns in den Medaillenstatistiken mit Abstand überlegen, und sie war auch im Ostblock ganz vorn.

Ja, die Deutschen! Wenn sie etwas richtig machen, dann sind sie immer ganz gut, aber sie können es auch auf die Spitze treiben. Vermutlich gab es deshalb auch den Missbrauch mit leistungsfördernden Mitteln.

Aber es wäre falsch, alle Erfolge darauf zurückzuführen und jeden Sportler in Verdacht zu bringen. Und in manchen Bereichen waren sie trainingsmethodisch sehr gut. Außerdem wissen wir, dass es im Westen auch großen Mist gab. Als jemand, der in Freiburg studiert hat, muss ich sagen: Dass ausgerechnet die Sportmedizin der Uni Freiburg sich in einem solchen Maße hat verstricken lassen, ist schmerzlich. [...]

Wahr ist, dass wir alle gesagt haben, man kann auch in einem freiheitlichen System Spitzenleistung bringen und Medaillen erringen [...] Dabei ist es nicht geblieben. Es passieren immer auch Fehler. [...]«

Und einmal beim Gestehen, antwortete er auf die Frage, ob er jemals empfohlen habe, »Doping [...] von verantwortungsbewussten Medizinern vornehmen (zu) lassen«: »Gut, dass alles aufgeschrieben wird. Ich würde das nie mehr so sagen. Aber man darf nach dreißig Jahren auch ein bisschen klüger sein. Man sollte niemanden an Sprüchen messen, die er vor dreißig Jahren getan hat; das fällt auf den zurück, der es tut.«

Und weil er offensichtlich in den letzten zwanzig Jahren tatsächlich im Gegensatz zu anderen einen Hauch klüger geworden ist, riet er auch noch: »Wir dürfen die Debatte über Belastungen aus der Vergangenheit nicht so führen, dass sie auf dem Gebiet der ehemaligen DDR als diskriminierend empfunden wird. Ganz so sauber war es in der alten Bundesrepublik auch nicht. Und man muss sehen: Es gibt für all dies, strafrechtlich wie sportrechtlich, Verjährungsfristen. Sie sind alle abgelaufen.«

Und weil der Bundesinnenminister dies nun endgültig – und demzufolge fast unwiderrufbar – verkündet hatte, ließ er die Öffentlichkeit auch noch wissen: »Es wäre doch absurd, wenn jemand, der irgendwann in seinem Leben mit Doping zu tun hatte, nie mehr als Trainer beschäftigt werden kann. Ich glaube, wir sind in der Endphase der Auseinandersetzung mit diesem Teil unserer Vergangenheit.«

Der Minister irrte!

Der Anti-DDR-Dopingspektakel vor den Toren des Olympia-Stadions während der Leichtathletik-Weltmeisterschaft 2009 bewies es.

Und auch aus einem anderen Grund galt es festzustellen: Ein Unterschied zwischen West und Ost lässt sich nicht aus der Welt reden, denn auf der Westseite gab es Todesopfer. Übrigens wollte man deshalb sogar einen Erinnerungspreis mit dem Namen einer Frau stiften, die man zu Tode gedopt hatte: Birgit Dressel.

Doch daraus wurde nichts.

Aus dem Preis schon, aber der trägt den Namen eines Lebenden – natürlich aus dem Osten.


## Doping-Toter 1: Jupp Elze


Joseph (Jupp) Elze wäre am 14. Dezember 2009 siebzig geworden, aber Doping sorgte dafür, dass er nicht mal seinen 30. Geburtstag hatte feiern können. Er starb am 20. Juni 1968.

Elze war Profiboxer, deutscher Meister im Mittelgewicht, bestritt 41 Kämpfe, von denen er 34 gewann. Den 41. verlor er und dabei auch sein Leben.

Elze hatte sich vom 12. Juni 1968 viel erhofft. Obwohl er vier Kämpfe hintereinander verloren hatte, bot man ihm die Chance um den Titel eines Europameisters zu boxen. Derlei ist bei den Berufsboxern nichts Ungewöhnliches. Der Mann war bekannt und hatte in allen Kämpfen viel Publikum angelockt. Nun warb man damit, dass er womöglich als Europameister gefeiert werden könnte. Zumal: Sein Gegner war der Italiener Juan Carlos Duran, und den hatte er drei Jahre zuvor schon einmal bezwungen.

Elze war durch widrige Umstände in finanzielle Schwierigkeiten geraten. Der Kampf sollte seine Geldnot beenden. Das Trainingslager kostete zwar einiges, aber Elze hatte seine Lebensversicherung gekündigt, um es bezahlen zu können.

Ob sein Manager die Kosten nicht hatte übernehmen wollen, wurde nie geklärt. Vielleicht, weil er andere Unkosten hatte? Bevor Elze aus der Kabine zum Ring ging, hatte ihn der Manager mit Spritzen und Pillen versorgen lassen, die den Sieg garantieren sollten. Eine Spritze enthielt Pervitin, das die Grenze seiner körperlichen Belastbarkeit hinausschieben würde, von den anderen versprach man sich womöglich die gleiche Wirkung, doch wurde das nie ermittelt.

Experten, die am Ring saßen, versicherten hinterher, dass Elze nach 14 der 15 Runden nach Punkten vorn gelegen habe. Der Titel und das ganz große Geld war also nur noch drei Minuten entfernt, aber sein Körper war längst im »roten Bereich« angelangt, nur die Doping-Medikamente hielten ihn noch auf den Beinen.

Jupp Elze ging zum letzten Mal zur Ringmitte, nahm die letzte Runde in Angriff. Die beiden Gegner stießen aufeinander, Duran traf Elze am Hinterkopf. Der begann zu taumeln, stolperte durch den Ring, sackte bewusstlos zusammen. Der Auftakt zur letzten Runde hatte die hochgedopte Leistungsgrenze des Körpers endgültig überschritten.

Man raste mit ihm ins Krankenhaus, operierte ihn, Elze fiel ins Koma und wachte nicht mehr auf. Am 20. Juni 1968 starb er an einer Gehirnblutung. Die Aufregung war groß, eine Obduktion wurde angeordnet. Sie bestätigte, dass man ihm außer den Doping-Spritzen auch Doping-Pillen verabreicht hatte. Das Urteil der Gerichtsmediziner war einmütig: Ohne die Dopingmittel hätte er die 14. Runde nie erreicht, vermutlich vorher aufgegeben. Dass er selbst in der 14. Runde noch genau wusste, was zu tun blieb, wenn man am Ende war, bewiesen Filmaufnahmen und Fotos: Als er zu taumeln begann, hatte er die Hand gehoben, das Signal unter Boxern zum Zeichen der Aufgabe. Aber das Doping hatte eben bewirkt, dass die physischen Grenzbereiche bereits überschritten waren.

Elzes Familie musste nicht nur mit diesem Schicksalsschlag fertig werden, sondern obendrein auch mit den Schulden, die er hinterlassen hatte.

Jupp Elze war der erste »offizielle« Dopingtote der Bundesrepublik Deutschland. Keine Instanz entschied, Untersuchungen einzuleiten oder gar ein Ermittlungsverfahren zu eröffnen, niemand erwog einen Prozess.

Was blieb, war der Stein auf dem Kölner Ostfriedhof.

## Doping-Toter 2: Birgit Dressel

Der Deutsche Olympische Sportbund publizierte einen Artikel über das Schicksal von Birgit Dressel am 10. April 2007 und nannte als Anlass: »Mit dem nachstehenden Beitrag erinnert der Sportwissenschaftler, freie Autor und Journalist, Andreas Singler, an den Tod von Birgit Dressel, die heute vor 20 Jahren an einer Medikamentenvergiftung starb.

Vor 20 Jahren, am 10. April 1987, starb die Mainzer Siebenkämpferin Birgit Dressel an einer Medikamentenvergiftung. Auch Dopingmittel hatte die damals 26-Jährige auf verbandsärztliche Verordnung eingenommen. Ihr Tod bleibt Mahnmal und Verpflichtung für den organisierten Sport, alles Erdenkliche gegen Manipulation im Spitzensport zu unternehmen. […] Der Todeskampf der Birgit Dressel zog sich über mehrere Tage hin. Er war von unerträglichen, ständig größer werdenden Qualen begleitet.

Am Morgen des 7. April hatte sich die Mainzer Leichtathletin erstmals an einen Orthopäden in Mainz gewandt. Schmerzen in der Lendenwirbelregion hatten sich zwei Tage zuvor beim Kugelstoßtraining bemerkbar gemacht. Doch die Schmerzmittel, die der Arzt der deutschen Siebenkampfmeisterin verabreichte, verfehlten ihre Wirkung wie all die anderen Medikamente, die sie in den folgenden Tagen von immer mehr Ärzten erhalten sollte.

Drei Tage später, in den Abendstunden des 10. April, starb Birgit Dressel auf der Intensivstation der Mainzer Universitätskliniken an einem ›komplexen toxisch-allergischen Geschehen‹, wie die medizinischen Gutachter später herausfanden.

Unklarheit darüber, was genau diese Medikamentenvergiftung ausgelöst hatte, herrscht bis heute. Zwar konnte relativ sicher bestimmt werden, dass eine überdosierte Gabe des Schmerzmittels Metamizol am Todestag mitursächlich für einen Schock war, der zum Multiorganversagen führte. Den Gutachtern lagen jedoch auch Anhaltspunkte dafür vor, ›dass die vorangegangene, jahrelang durchgeführte Behandlung mit den unterschiedlichen Substanzen und Arzneimitteln die Ausbildung des toxisch-allergischen Geschehens forderten‹. Damit geriet ihr jahrelang behandelnder Arzt Armin Klümper ins Zwielicht. Der Verbandsarzt der deutschen Leichtathleten hatte Birgit Dressel in seiner Freiburger Mooswaldklinik mit einer breiten Palette an Behandlungsformen überzogen. Hunderte Spritzen und zahllose Medikamente mit bisweilen mehr als fragwürdiger Indikation wurden verabreicht. Sie richteten im Körper der – wie Klümper befand – ›eigentlich immer gesunder‹ werdenden Patientin einen nicht wieder gut zu machenden Schaden an. Schmerzmittel halfen jetzt nicht mehr, zu schwer waren die Rückenmarksnerven der Sportlerin entzündet. Im Gutachten war gar von ›neurologischen Ausfallerscheinungen im Sinne einer aufsteigenden sensiblen Lähmung‹ die Rede.

Die gebürtige Bremerin Birgit Dressel war längst nicht mehr gesund, obwohl sie im Sport – auch dank der von Professor Klümper ab 1986 verordneten anabolen Steroide – so gut wie nie zuvor war. Nach ihrem vierten Platz bei den Europameisterschaften 1986 in Stuttgart, wo sie wegen ihrer heiteren, fröhlichen Art auch ohne Medaille zu den Publikumslieblingen gezählt hatte, entwickelte sie sich zu den wenigen Hoffnungen der westdeutschen Leichtathletik für die Weltmeisterschaften in Rom 1987 und die Olympischen Spiele in Seoul 1988. Und noch am 4. Februar untermauerte die Olympianeunte von 1984 diese Hoffnungen, als sie in ihrem neuseeländischen Trainingslager in Auckland mit 6201 Punkten eine neue Weltbestleistung im Stunden-Siebenkampf erzielte.

Umso größer war der Schock, den der Tod der diplomierten Sportlehrerin auslöste. Die bewegenden Szenen bei der Trauerfeier auf dem Mainzer Friedhof mit 500 zumeist in Tränen aufgelösten Mitgliedern aus der Familie des Sports zeugten davon. Unter den Athleten ging die Angst um. Viele von ihnen sollen unter dem Eindruck des Todes ihrer Kollegin spontan sämtliche Medikamente die Toilette hinunter gespült haben.«

Diese Mitteilung ist zumindest aufschlussreich, dieweil ja bislang immer versichert worden war, dass man in der BRD nie im großen Stil gedopt hatte.

»Die Betroffenheit vieler Menschen in diesen Tagen war echt, nur: Bei den meisten hielt sie nicht lange. Die Medikamentenschränke waren bald wieder aufgefüllt. Wohl auch weil Funktionäre wie der damalige Chef des Bundesausschusses für Leistungssport, Helmut Meyer, eine Lesart zu etablieren versuchte, nach der Birgit Dressels Ableben kein Anabolikatod gewesen sei. So konnte die Dopingmentalität im westdeutschen Spitzensport überleben. Und wollte ein Funktionär wie der 1988 zurückgetretene DLV-Präsident Eberhard Munzert von nun an ernsthaft gegen den Pharmabetrug vorgehen, so wurde er weggemobbt.«

Dieses Geständnis müsste jeden Richter aufhorchen lassen – wenn denn das Dopingsystem in der Alt-Bundesrepublik je vor einem Gericht verhandelt worden wäre. »Dass das medizinische Gutachten zum Todesfall Birgit Dressel keine eindeutige Ursache identifizieren konnte, half an einen singulären Unglücksfall zu glauben. Kritische Selbstreflexion erübrigte sich damit, so jedenfalls dachte der Spitzensport damals. Insofern bleibt der Todesfall Birgit Dressel ein Mahnmal und eine Verpflichtung auch für den Deutschen Olympischen Sportbund, Doping und Medikamentenmissbrauch mit allen möglichen Mitteln zu bekämpfen. In den westdeutschen Medaillenschmieden der 80er Jahre aber – die im Vergleich zum Osten ohnehin immer mehr ins Hintertreffen geraten waren – lief bald alles weiter wie gehabt.

Besonders erstaunlich aber war, wie wenig sich öffentliche Institutionen veranlasst sahen, den Todesfall einer jungen Frau als Anlass zum Einschreiten, zum Schutz wenigstens bestehender Gesetze zu nehmen. Die Mainzer Staatanwaltschaft sah keinen Anlass zu Ermittlungen wegen Körperverletzung, sondern befand, ›dass selbst eine nachweisbare Gesundheitsbeschädigung durch die Einwilligung der Verletzten gerechtfertigt gewesen wäre‹. Auch wegen Betrugs mochte sie nicht ermitteln, obwohl durch die Verabreichung von Mitteln, für die es keine Indikation gab, die Solidargemeinschaft der Krankenkasse unrechtmäßig beansprucht worden war.

Die Staatsanwaltschaft verneinte für den Todeszeitraum der Sportlerin sogar eine sittenwidrige Handlung bei der ärztlichen Verabreichung von Dopingmitteln. In der bundesdeutschen Öffentlichkeit sei angeblich ›eine eindeutige Ablehnung von leistungssteigernden Medikamenten im Sport nicht mit Sicherheit‹ feststellbar gewesen.«

Hier muss Andreas Singler einmal mehr unterbrochen werden, zumal er diese Feststellung nicht in irgendeinem Vorortblättchen formulierte, sondern eben in einer offiziellen Mitteilung des deutschen Sportbundes.

Die bundesdeutsche Staatsanwaltschaft, die – nur nebenbei erwähnt – Scharen von DDR-Sportärzten verurteilt und zur Strafkasse gebeten hatte, weil man ihnen vorwarf, Pillen, deren möglicherweise gesundheitsschädigende Wirkung nie nachgewiesen oder durch Gutachten bestätigt worden waren, hatte im Fall Dressel »sittenwidrige Handlung bei der ärztlichen Verabreichung von Dopingmitteln verneint«!

Das musste als fragwürdig empfunden werden, weil jeder nicht restlos geklärte Todesfall die Justiz durch die geltenden Gesetze veranlasst, ihn zu untersuchen.

Unerklärlich, wieso die zuständigen Staatsanwälte nicht einmal das Delikt der Körperverletzung tangiert sahen.

Singler: »Allerdings hatte die Öffentlichkeit von solchen Vorgängen überhaupt keine Kenntnis. Doping fand selbstverständlich heimlich statt, nur posthum quasi behördlich ›freigegeben‹.«

Heimlich? Nur »posthum« eingeräumt? Dopingbekenntnis nur im Todesfall?

Wo war dieser »unmenschliche« Staat? Das darf man doch fragen.

Singler: »Die Staatsanwaltschaft nahm Dopingärzte rückwirkend geradezu in Schutz, in dem sie ausführte: ›Zugunsten von Prof. Dr. Klümper ist nämlich nicht auszuschließen, dass er subjektiv davon ausging, die von ihm verordneten Medikamente waren zumindest auch zur Heilung und Linderung von Krankheiten zweckmäßig einzusetzen. Wer im Westen dopen wollte, konnte dies also ohne Rücksicht auf Verluste ungestraft tun. Er musste es nur anders, ›Therapie‹ etwa, nennen.

Nach Birgit Dressels Tod hätte man vielleicht annehmen können, dass die Rolle der Medizin auch intern kritischer gesehen worden wäre. Doch weit gefehlt: Noch während die einen die These vom Dopingtod dementierten, um das verbreitete Anabolikadoping zu begünstigen, wurde für nicht wenige Mediziner Handlungsbedarf deutlich: ›Entweder werden Kontroll- und Überwachungsmaßnahmen wirksam ausgebaut, oder man bekennt sich zur medizinisch kontrollierten Einnahme von Anabolika, um breiteren Schaden zu verhüten.‹ (Prof. Dr. Hartmut Krahl als Leitender Verbandsarzt des Deutschen Leichtathletik-Verbandes in einem Schreiben »an die DLV Ärzte« am 1. Juli 1988).

Daher installierte der in Deutsche Gesellschaft für Sportmedizin und Prävention umbenannte Deutsche Sportärztebund 1988 entgegen der Dopingbestimmungen auch ein fragwürdiges ›Therapie‹-Fenster, eine Art Dopingfreigabe ›light‹: ›Die zeitlich limitierte Gabe von Anabolika zum Wiederaufbau atrophierter Muskulatur nach Immobilisierung oder langdauernden Verletzungen stellt eine therapeutische Maßnahme dar und erfüllt nicht den Tatbestand des Dopings.‹ In der Praxis sah das so aus, dass bei Werfern und anderen Schwerathleten bereits eine Gewichtsreduktion nach Absetzen der muskelbildenden Mittel als Indikation für deren neuerliche Einnahme gesehen werden konnte.

Die Frage der sportmedizinischen Freiheit bei der Verabreichung von Dopingmitteln ist hochaktuell. Alleine schon in Form von massenhaft erteilten Ausnahmegenehmigungen ist Doping – gewissermaßen ›auf Lizenz‹ – in manchen Disziplinen bisweilen mehr Regel denn Ausnahme geworden. Überspitzt formuliert: Würden alle Ausnahmegenehmigungen zurecht erteilt worden sein, musste man manche Erkrankung künftig geradezu als leistungsbestimmenden Faktor in die Talentauswahl miteinbeziehen. Die Haltung, man brauchte bestimmte Dopingmittel zur Förderung von Konstitution oder Regeneration, ist bisweilen heute noch zu vernehmen, auch aus dem Kreis deutscher Verbandsärzte. Und dass Ärzte bisweilen dopen, um so genannte eigenmächtige Dosierungen zu verhindern, ist wohl nicht nur ein Phänomen aus dunkler Vergangenheit. Seit nunmehr 20 Jahren aber wird dabei vollkommen ausgeblendet, dass Birgit Dressel nicht Opfer eigenmächtigen Dopings oder Medikamentenmissbrauchs wurde. Sie war gerade unter ärztlicher Aufsicht mit Medikamenten vollgepumpt worden. Sie starb nicht an zu wenig ärztlicher Zuwendung – sondern an zu viel.«

Dieser höchstens fassungsloses Staunen auslösende Beitrag der Bewertung eines – dieser Begriff muss erlaubt sein – Mordes muss nicht kommentiert werden.

Als Mord gilt nach dem Gesetz bekanntlich, wenn jemand einen Mitmenschen »aus niedrigen Beweggründen« ums Leben bringt. Dieser Verdacht wäre in diesem Fall nicht auszuräumen, aber außer einigen Vorwürfen hatte der DOSB zum Tod der Birgit Dressel nichts vorzutragen. Und nirgends die Forderung nach Wiederaufnahme des Verfahrens.

Dennoch las sich die Singler-Version noch fast harmlos im Vergleich zu der Titelgeschichte des *Spiegel* in der Ausgabe 37 des Jahres 1987: »Am 10. April 1987 starb, nach dreitägigem Martyrium unter unsäglichen Schmerzen, die deutsche Leichtathletin Birgit Dressel, 26. Das bisher unter Verschluss gehaltene rechtsmedizinische Gutachten verrät, wie sie zu Tode kam. Zum erstenmal läßt sich minutiös belegen, wie Hochleistungsathleten medizinisch betreut werden, welche Unmengen von Medikamenten sie spritzen, schlucken, trinken – bis zum bitteren Ende.

Am Sonntag hat die Siebenkämpferin Ruh'. Birgit Dressel darf ausschlafen. Ihr Freund und Trainer hat es erlaubt. Beide sind zufrieden. Mit Birgit geht es aufwärts. In nur einem Jahr ist die blauäugige Blondine vom 33. auf den 6. Platz der Weltrangliste vorgestoßen, aus der Drittklassigkeit zur Spitze aller Siebenkämpferinnen. […] Nur jetzt nicht weich werden! Weiter trainieren, härter arbeiten. Auch wenn's schwerfällt. Es geht um die greifbar nahen Rekorde, um Geld, Ruhm, Meistertitel und den ruhigen, wohlversorgten Lebensabend. […] Birgit Dressel geht zu ihrem Arzneischrank und legt sich die Pillen zurecht, wie jeden Tag. Es sind neun Tabletten und Dragees, dazu eine Trinkampulle.

Die Pharmazeutika schillern in allen Farben des Regenbogens. Es sind die Vitamine B1, B12 und C darunter, ferner Präparate, die Kupfer und Magnesium enthalten, merkwürdigerweise jedoch auch Pillen, von denen die Hersteller versprechen, daß sie gegen Hirnverkalkung, Raucherbein, Allergie, Knochenerweichung, Dickdarmentzündung, Herzschwäche, Krampfadern oder Wassersucht helfen. Ihre Namen sind reine Fantasiegebilde. Sie heißen ›Pascovenol‹ oder ›Frubiase‹, ›Oxypangam‹ oder ›Dreisafer‹.

Birgit Dressel schluckt sie alle runter, auch das ›Megagrisevit‹. Es ist ein ›Anabolikum‹, steht auf der

Liste der verbotenen Dopingsubstanzen. […] Der Hersteller empfiehlt Megagrisevit zwar nur den Schwerkranken, insonderheit Krebspatienten im letzten Abmagerungsstadium. Frau Dressel schluckt es, um noch mehr Muskeln zu bekommen. Vor allem am Schultergürtel hat die studierte Sportwissenschaftlerin im letzten Jahr ordentlich zugelegt. Von weitem und von hinten sieht sie schon fast aus wie ein Mann. Der praktische Kurzhaarschnitt verstärkt diesen Eindruck. Megagrisevit, so steht es warnend im Beipackzettel, ist ein Sexualhormon. Es vermännlicht (›virilisiert‹) die weiblichen Patienten und nimmt, andererseits, den Männern durch Hemmung der Samenbildung Liebeslust und Lendenkraft.

Birgit Dressels Arzt, der Freiburger Sportmediziner Professor Armin Klümper, hat seiner Patientin, sagt er, kein Megagrisevit verordnet, obwohl das Anabolikum in Klümpers Therapieschemaliste aufgeführt ist und der bärtige Doktor die Anabolika durchaus für segensreich hält. 1985, so Klümper vor der Kripo, hätte Frau Dressel – nach einer Operation – seiner Überzeugung nach ›eigentlich Anabolika bekommen müssen‹, jedoch fänden sich dafür keine Anhaltspunkte in seinen Unterlagen. Seit 1986 schluckt die Athletin auch ›Stromba‹, ein ebenso nebenwirkungsreiches Anabolikum, das sie aus einer anderen Quelle bezog. Der Freiburger Professor ist seit 1981 Birgit Dressels behandelnder Arzt. Klümper gilt als der Ober-Guru der deutschen Sportärzte. Seine ›Sporttraumatologische Spezialambulanz‹ im Auwald vor Freiburg ist das Mekka der deutschen Hochleistungssportler. Pro Jahr verarzten der brummige Walddoktor und seine Kollegen fast 2.400 Top-Athleten. […]

Birgit Dressel galt weder als ›verletzungsanfällig‹ noch als ›wehleidig‹. Sie hat tapfer ertragen, was der Beruf so mit sich brachte. Drei Tage nach dem entspannenden Sonntag, am Mittwoch, dem 8. April, war es wieder so weit. Sie trainierte das Kugelstoßen, immer wieder – und zum allerletzten Mal. Plötzlich traten heftige Schmerzen in der linken Lendenwirbelregion auf. Sie strahlten bis in die Gesäßregion aus. Birgit Dressel humpelte vom Platz.

Diese Schmerzen kannte sie. Zweimal war das Training in diesem Jahr aus dem gleichen Grund schon unterbrochen worden. […]

Nachmittags fuhr man, auf der Suche nach schnellstmöglicher Linderung, in die Praxis des Mainzer Orthopäden Dr. A. (Der richtige Name ist dem *Spiegel* bekannt. Die zahlreichen behandelnden Ärzte Birgit Dressels werden nach dem Alphabet geordnet.)

Der Dr. A., ein unter Sportlern geschätzter Medikus von der zupackenden Art, ist der erste, der die Sache in den Griff zu bekommen sucht. Er scheitert, wie die mehr als zwei Dutzend Ärzte, Oberärzte und Professoren, Vertreter von sechs medizinischen Spezialdisziplinen der Mainzer Universitätskliniken, die sich zwei Tage später um die prominente Sportlerin bemühen werden. Birgit Dressel stirbt. Ihr Tod irritiert die Welt des Sports.

›Sie ist vor Schmerzen gestorben‹, behauptet danach ihr Freund, der ehrgeizige Trainer, ein 30-jähriger bebrillter Lockenkopf und Zehnkämpfer i. R.

Birgits Vater, 58, Reedereikaufmam in Bremen und einst selber im B-Kader der Handball-Nationalmann-

22

schaft sportlich aktiv, widerspricht: ›Für mich ist klar, Birgit ist ein Opfer der Pharmaindustrie.‹ Die Mutter der Athletin, Lisa Dressel, klagt die Ärzte an: ›Sie haben nicht versucht, meiner Tochter zu helfen. Sie haben sie gequält!‹

Von einem ›tragischen Fall‹ spricht der Professor Klümper, auf ›Schwachstellen unseres medizinischen Betreuungssystems‹ verweisen die Aktiven-Sprecherinnen der deutschen Leichtathletinnen, Ingrid Thyssen und Gaby Bußmann: ›Um des sportlichen Erfolges willen nehmen wir viel auf uns. Das Risiko, unser Leben zu verlieren, gehört nicht dazu.‹

Doch, es gehört dazu. Der Fall Dressel beweist es.

Erstmals in der deutschen Sportgeschichte lässt sich minutiös belegen, wie Hochleistungsathleten medizinisch versorgt werden, welche Unmengen von Medikamenten sie spritzen, schlucken und trinken, wie rücksichtslos der Organismus dabei überfordert wird – bis zum bitteren Ende.

Birgit Dressels Tod hat umfangreiche Ermittlungen der Mainzer Kripo und Staatsanwaltschaft ausgelöst. Die beiden Rechtsmediziner Professor Rainer Mattern (Uni Mainz) und Professor Hans-Joachim Wagner (Saar-Universität) haben, unterstützt von einem Dutzend Spezialisten aus der ganzen Republik, den Fall Dressel gut hundert Tage lang nach allen Richtungen hin untersucht und analysiert. Das – bisher strikt unter Verschluss gehaltene – ›gemeinsame rechtsmedizinische Gutachten‹ liegt dem *Spiegel* vor.

Es ist ein Dokument des Schreckens. Die ›im höchsten Maße gesunde‹ Birgit Dressel (Klümper zur Kripo) war in Wahrheit eine chronisch kranke, mit Hunderten von Arzneimitteln vollgepumpte junge Frau. Der Sport hatte sie längst zum Krüppel gemacht, ihre Gelenke zerstört, die inneren Organe vor der Zeit zerschlissen. [...]

In der gemeinsamen Wohnung von Dressel und Kohlbacher beschlagnahmte die Kripo später 40 verschiedene Medikamentenpackungen, ein buntes Sammelsurium. Die Hausapotheke barg harmlose Blütenpollen und Homöopathika, bei denen nur der Glaube hilft, aber auch rezeptpflichtige Medikamente gegen alle möglichen Gebrechen aller möglichen Organe und dazu Dutzende von stark wirksamen und gefährlichen Schmerzlinderern, Entzündungshemmern und Gelenkpräparaten. [...]

Dr. A ›infiltrierte am Schmerzpunkt‹ (so das Gutachten der Rechtsmediziner) links neben der Wirbelsäule zwei bis drei Milliliter ›Xylonest‹, ein lokales Betäubungsmittel. Dazu gab es, doppelt hilft besser, noch eine ›intramuskuläre Injektion‹ mit ›Voltaren‹, das die Schweizer Pharmafirma Geigy für Rheumatiker bereitstellt.

Abends gegen 18 Uhr, diesmal im Mainzer Sportleistungszentrum, griff Dr. A wieder zur Spritze. Weil Birgit Dressel den Schmerz immer noch nicht los war, wurde ›Myo-Melcain‹ versucht, eine Kombination von Lokalanästhetikum und Bienenhonig. Was der Bienenhonig gegen den Flankenschmerz und die erkannte ›leichte Großzehenheberschwäche links‹ bewirken könnte, ist das Geheimnis derer, die an den Bienenhonig als Heilmittel glauben. Das sind Millionen.

Am nächsten Nachmittag, am Donnerstag, dem 9. April, war Birgit Dressel wieder bei Dr. A in der Sprechstunde. Der Befund hatte sich ›akut‹ verschlechtert.

Gesäß und Bein waren nun stark berührungsempfindlich, auch gegen Kälte. Dr. A ordnete das Röntgen der Lendenwirbelsäule an und eskalierte die Arzneimitteltherapie. Auf Bienenhonig wurde nun verzichtet, statt dessen gab es zwei intramuskuläre Spritzen, ›Voltaren‹ wie am Vortag und zusätzlich noch ›Baralgin‹. Beides gilt unter Ärzten als ›starkes Geschütz‹. Manche Doktoren würden lieber auf einem Bein davonhumpeln, als sich selbst so unter Feuer nehmen zu lassen.

Für die begleitende Therapie zu Hause griff Dr. A nochmals zu seinen Ärztemustern. Er händigte Frau Dressel ›Godamed‹- und ›Tranquase-5‹-Tabletten aus, dazu ›Optipyrin‹-Zäpfchen. In den drei Medikamenten ist vieles zusammengerührt, was in der Heilkunst als gesichert wirksam gilt: Acetylsalicylsäure, die seit über 80 Jahren bekannte Wirksubstanz des ›Aspirin‹; ein weiteres Schmerzmittel namens Ethenzamid; dazu gleich drei Wirkstoffe, die den Kopf mit der Realität auf rosarote Weise aussöhnen – Diazepam, den Seelentröster im ›Valium‹; Barbitursäure, das altbekannte Schlafmittel, und schließlich Codein, offiziell als Hustenmittel im Arzneischatz, hauptsächlich aber ein Bruder der Rauschdroge Morphium. […]

Dreimal wurde Dr. A noch um Rat gefragt (sein Rat: ›Godamed, nicht allzu viele‹), einmal auch der Notarzt Dr. C fernmündlich konsultiert. Er riet per Telephon zu Aspirin und Heparin-Salben. Das ließ man bleiben.

Am Morgen des Freitag, um 6.30 Uhr, machte Dr. A bei Frau Dressel den ersten Hausbesuch. […] Vom Tod trennten Birgit Dressel noch 16 Stunden und 24 Heilkundige.

Fast jede Diagnose zog eine Therapie hinter sich her. So brachte es die Sterbenskranke an ihrem letzten Lebenstag noch einmal auf Dutzende von Medikamenten. [...]

Was den Ärzten, zumal dem beliebten Sporttraumatologen Klümper, einem gelernten Röntgenologen, sonst noch an seiner ›immer gesünder werdenden‹ Patientin aufgefallen ist, liest sich in den beschlagnahmten Krankenakten so:

- Seit 1981 immer wiederkehrendes Lendenweh (›Lumbalgie‹);
- seitliche Verbiegung (›Skoliose‹) der Wirbelsäule;
- Bandscheibenschäden und Verschmelzung der Wirbelkörper;
- Beckenschiefstand rechts (›um zwei Zentimeter abfallend‹);
- Beinlängendifferenz zwei Zentimeter;
- krankhafte Degeneration beider Kniescheiben;
- kranke Menisken (›Meniscopathie‹) beiderseits;
- beginnende Knorpelknochenentzündung des oberen Sprunggelenks rechts;
- Senk-Spreizfüße beiderseits.

Daneben hat eine ›ausgesprochene Infektanfälligkeit‹ bestanden, und der Blutdruck war gelegentlich deutlich erhöht. Im Herzmuskel fanden sich, Folge der permanenten Rennerei, bei der Sektion zahlreiche Bindegewebsstatt Muskelfasern. Eine kleine Ader hatte sich schon für immer geschlossen.

›Es gibt keine berufliche Schwerstarbeit‹, sagt der Kölner Sportarzt Professor Wildor Hollmann, ›welche in ihren Auswirkungen auf den Organismus auch nur annähernd der des Hochleistungssports vergleichbar wäre‹. […]

Weil Klümper in diesem Jahr, bei der WM-Reise nach Rom, nicht mit von der Partie ist, jammert der große, starke Speerwurf-Europameister Klaus Tafelmeier: ›Es ist ganz schlimm für den Athleten, wenn der Arzt, der ihn das ganze Jahr behandelt, ausgerechnet beim wichtigsten Wettkampf nicht zu Stelle ist.‹

Der deutsche Zehnkämpfer Siggi Wentz fuhr letzte Woche seiner Truppe nach Italien hinterher: Er konnte wirklich nicht früher, sagt der 27-jährige Muskelmann. Erst mußte der Freiburger Professor an ihm, dem Medizinstudenten und Sportprofi, ›ein Wunder‹ wirken (so der Berliner *Tagesspiegel* ohne Ironie). Wentz' linke Achillessehne fühlt sich jetzt viel besser an, wunderbar. […]

Birgit Dressel hatte kein Glück und auch nicht den richtigen Beschützer. Sie fasste Vertrauen zu Armin Klümper, pendelte immer wieder nach Freiburg. Das letzte Mal am 24. Februar, einem Dienstag. Was der Professor an diesem Tag mit Birgit Dressel alles anstellte, ließ sich fast vollständig aufklären. […]

Die Nadel ist Klümpers liebste Waffe. Was er damit an die Frau gebracht hat, ist eine kunterbunte Mischung aus allem Möglichen, was Natur und Labor dem Heilkundigen offerieren, ganz starke und ganz weiche Drogen. Eine von der Kripo sichergestellte Strichliste – ›Dressel, Birgit, 4.5.60‹, jeder Strich eine Ampulle – zeigt, wie in der ›Sporttraumatologischen Spezialambulanz‹ gefixt wird. […]

Diese Klinikbehandlung begann nach einem zweiten Hausbesuch des nun sehr besorgten Orthopäden Dr. A –

er konnte noch Tage später wegen Weinkrämpfen keine Aussage machen – am Morgen des 10. April, zwei Tage nach dem Trainingsunfall beim Kugelstoßen. […]

Es war nun 13 Uhr. Birgit Dressel wurde der Unfallchirurgie übergeben; sie wimmerte vor Schmerzen. Ihre Haut war noch braun, denn im Monat davor hatte sie unter der Sonne Portugals trainiert, im Winter in Australien und Neuseeland. So bleibt der Top-Athlet das ganze Jahr fit und im Freien. Jetzt nahmen sich vier Chirurgen ihrer an. Der erste, Dr. F, räumte energischer Schmerzbekämpfung Priorität ein. Er legte eine venöse Dauerkanüle und ließ der Patientin in den nächsten Stunden zwei Ampullen ›Buscopan compositum‹, verdünnt in ›Sterofundin‹, einlaufen. Der damals in ›Buscopan compositum‹ enthaltene Wirkstoff Metamizol ist inzwischen weg vom Fenster: Wegen schwerer Nebenwirkungen hat das Bundesgesundheitsamt metamizolhaltige Kombi-Präparate verboten. Die fünf Gramm Metamizol-Wirkstoff waren, urteilt Dr. F später, die ›Obergrenze‹. Nach Ansicht der Gerichtsmediziner lagen sie gefährlich nahe an der ›minimum lethal dose‹, der Dosis, bei der tödliche Folgen nicht auszuschließen sind. Birgit Dressel überlebte die Therapie, ihre Schmerzen blieben.

Die Unfallchirurgen F, G, H und I kamen zu dem – völlig richtigen – Schluss, dass ›kein Anhalt für Sportverletzung vorliegt‹. Sie äußerten den ›Verdacht einer Erkrankung im Bauchraum‹ oder, hilfsweise, einer ›Erkrankung der Bandscheiben oder des Rückenmarks …‹. Damit lagen sie richtig. Bei der Leichenöffnung zeigte sich später, daß die Nerven des Rückenmarks schwer entzündet waren, vermutlich seit mehreren Tagen – daher die unbeeinflussbaren Schmerzen. Zu erkennen war das nicht.

Logischerweise mußte bei diesem Stand der Diagnostik nun ein Allgemeinchirurg alarmiert werden, Oberarzt J, und mindestens ein Neurochirurg. Es erschienen zwei, die Doktoren K und L. Birgit Dressel war, sieben Stunden nach ihrer Einlieferung in die Klinik, noch ›zeitlich und örtlich orientiert‹ und klagte über großen Durst. ›Sie redet viel‹, notierten die Neurochirurgen in ihrem Konsiliarbericht. Lippen und Fingernägel der Patientin beginnen sich blau zu verfärben. An den Lippen bilden sich weißliche Krusten. Während der Untersuchung lässt die Patientin unter sich. Diagnose der Neurochirurgen: ›Kein Anhalt für neurologisches Grundleiden; Verdacht auf Tablettenvergiftung.‹

Die Anregung zu einem neurologischen Konsilium stieß bei allen Herren auf Zustimmung. Auch wurden ein ›internistisches Konsilium‹ angeregt und die Computertomographie des Schädels in Erwägung gezogen. Die Nervenärzte Dr. M und Dr. N waren umgehend zu erreichen, doch nun gab es eigentlich nichts mehr zu beraten. Die ›Schocksymptomatik mit Bedrohung der Vitalfunktion‹ stand plötzlich ganz im Vordergrund. Birgit Dressels Sportlerherz begann zu rasen, die Atmung wurde immer schneller. Ein solcher Notfall ist Sache der Anästhesisten, die Narkotiseure und Wiederbeleber in einem sind.

Sie erschienen umgehend mit den Doktoren O, P, Q, R, S, T, U. Auf den energischen Anruf der Intensivmediziner beugte Birgit Dressel die Arme und öffnete ein letztes Mal die Augen. Dann legte man ihr eine Sauerstoffmaske über das Gesicht, wenige Minuten später schon mußte sie im ›Schockraum‹ narkotisiert und künstlich beatmet werden.

Eine Stunde später, um 19.45 Uhr, verlegte man die Sterbende im ›Rettungswagen bei weiterlaufender Behandlung‹ in die Medizinische Intensivstation. Die Diagnose der Intensivmediziner: ›Verdacht auf toxisches Geschehen, Zerfall des Blutes.‹

Die Diagnose war richtig, aber sie hat nichts mehr bewirkt. Denn zu diesem Zeitpunkt war Birgit Dressel ihrem Tod schon ganz nahe. [...]

Eine akute Allergie war nach Birgit Dressels Tod in Sportlerkreisen als die wahrscheinlichste Todesursache genannt worden. Sie hätte, besser als alles andere, den erschreckten Kameraden ins Konzept gepasst. Eine Allergie kann jeder kriegen, auf nahezu alles, selbst auf das hilfreiche Penicillin. Aus Erfahrung wissen die meisten Leistungssportler, dass einige Tabletten häufiger, die anderen seltener Überempfindlichkeitsreaktionen auslösen. Und mit Tabletten kennen sich fast alle gut aus. Kaum ein namhafter Athlet, der nicht täglich ein paar Pillen schluckt, zuerst nur harmloses Zeug wie Vitamine, Eiweißstoffe, Traubenzucker – harmlos, wenn auch überflüssig.

Das tägliche Pillenfrühstück fixiert die heranwachsenden Sportler auf Medikamente als scheinbar unentbehrliche Helfer zum Sieg. Trainer, Sportärzte und die ehemaligen Top-Athleten bemühen sich allesamt, die natürlichen Abwehrmechanismen der talentierten Nachwuchssportler gegen Medikamente außer Kraft zu setzen. Es ist eine Rutschbahn, mit Geld geschmiert, auf die der junge Sportler gesetzt wird: Erst schluckt er nur die harmlosen Pillen, bald auch rezeptpflichtige Medikamente, meist gegen Entzündungen und Schmerz. Am Ende landet er im – legalen – Drogensumpf. [...]

Vielen Sportlern wird trotzdem immer mulmiger. Die Damen fürchten sich allmählich vor der Dreifach-Dosis Antibabypille, die üblich ist, und vor den heimlichen Spritzen, die das männliche Hormon Testosteron enthalten. Es hat sich herumgesprochen, dass davon nicht nur die Muskeln größer werden, sondern auch die Klitoris wächst. Die Muskeln werden später wieder klein, der Kitzler bleibt groß und die Stimme tief.

Nach Birgit Dressels Tod geht die Angst um. ›Ähnlich Verhängnisvolles kann sich tagtäglich wiederholen‹, fürchtet Gaby Bußmann, die Aktiven-Sprecherin. Sie ist Diplom-Psychologin und will nun Ordnung schaffen: ›Stellen Sie sicher‹, mahnte sie in einem offenen Brief den DLV-Mannschaftsarzt, ›dass die Verantwortlichen zur Verantwortung gezogen werden.‹

Aber wie? Der Oberstaatsanwalt hat keinen Verantwortlichen gefunden, seine Gutachter auch nicht. Mehreren behandelnden Ärzten erteilten sie schlechte Noten. Den schärfsten Tadel erhielt Professor Klümper. ›Klümper ist ein Stümper‹, hatten dessen akademische Gegner schon in den 70er Jahren gereimt. [...]

Auf der Suche nach den Verantwortlichen stellte der Mainzer Leitende Oberstaatsanwalt Werner Hempler fest: Da nicht mit an Sicherheit grenzender Wahrscheinlichkeit festgestellt werden kann, welche möglichen Ursachen – allein oder im Zusammenwirken – den Tod von Frau Dressel verursachten, ist schon deshalb den behandelnden Ärzten ein fahrlässiges und damit schuldhaftes Verhalten nicht nachzuweisen.

Gleichsam ein Freispruch mangels Beweisen also: Das Ermittlungsverfahren gegen Unbekannt wegen des Verdachts fahrlässiger Tötung wird eingestellt. (37/1987, S. 228ff.)

Die beiden in hohen Auflagen verbreiteten Publikationen lösten nie eine Gegendarstellung aus. Niemand bestritt sie.

So blieb nur die Feststellung: Sportmediziner der BRD haben den Tod der Birgit Dressel verschuldet! Es war kein »Arztfehler«, wie sie zuweilen unterlaufen, sondern die Folge konsequenter Schritte, die einzig dazu führen sollten, dass Birgit Dressel ihre Leistungen steigert.

Und dennoch fand sich kein Staatsanwalt, der diese fahrlässige Tötung nach den Gesetzen des Rechtsstaates verfolgte!

## Doping-Toter 3: Ralf Reichenbach

Die im Springer-Verlag erscheinende Tageszeitung *Die Welt* veröffentlichte am 16. Februar 1998 folgenden Beitrag: »Der plötzliche Tod des starken Mannes. Jahrelang litt der ehemalige Kugelstoßer Ralf Reichenbach an einer extremen Herzerweiterung – nach Expertenmeinung eine Folge des Anabolikamissbrauchs.

Als niemand mit ihm rechnete, gewann Ralf Reichenbach Titel und Medaillen; waren die Erwartungen hoch gesteckt, tat er sich dagegen schwer. Anfang der 80er Jahre beendete er seine Laufbahn als Wettkampfsportler. Nun ist er, 47 Jahre alt, gestorben.

Er war ein Kerl, ein Baum von Mann: zwei Meter groß, muskelbepackt. Er war ein smarter Typ mit einem Lächeln, das Frauen gefiel. Er war vom Leistungsgedanken beseelt – und er war ein großer Schocker. Er wirbelte die (damals noch west-)deutschen Rekordlisten im Kugelstoßen derart durcheinander, dass sogar die amerikanische Konkurrenz das Zittern bekam, und er schockte mit seiner klaren Sprache die Funktionäre. Wie der Hammerwerfer Uwe Beyer gehörte auch Ralf Reichenbach zu den Lichtgestalten der deutschen Leichtathletik in den 70er Jahren. Wie Beyer ist jetzt auch Reichenbach den plötzlichen Herztod gestorben. Hat beides die gleiche Ursache – unkontrolliertes, ausuferndes Doping?

Reichenbach, besessen vom Kugelstoßen, dem großen Erfolg alles unterordnend, bewegte sich nicht nur im Grenzbereich sportlichen Ehrgeizes – er überschritt ihn. Er dopte von seinem 19. Lebensjahr an. Seine Bekenntnisse, anfänglich nüchtern und offen vorgetragen, bekamen später etwas herausforderndes, fast Lästerliches, als müsse er sich gleichzeitig immer mehr zur Wehr setzen. Wer Augen hatte zu sehen, dem war immer klar, dass Reichenbachs Wachstum zu einem 154-Kilo-Athleten nicht mit rechten Dingen zuging. Aber in den Siebzigern, während der Hochkonjunktur des Ost-West-Konflikts, wollte niemand genau hinsehen. [...] Wurde jetzt die Rechnung präsentiert? Es scheint fast so.

Die plötzlichen, rätselhaften Todesfälle mehren sich. Ob Reichenbach wirklich an den Folgen des Dopings gestorben ist, könnte nur eine Obduktion klären. Die Wahrscheinlichkeit spricht für diese Vermutung. Der Virus, den er sich vor zwei Jahren in Kalifornien eingefangen und der sein abnorm vergrößertes Herz befallen hat, könnte zwar sowohl Ursache wie auch Anlaß für den frühen Tod gewesen sein. Ein abnorm vergrößerte Herz aber gilt unter Experten als typische Folge jahrelangen Dopingkonsums. [...] Der Schock über seinen Tod sitzt tief. Er lebte sich nicht nur als Schatten über die deutschen Hallenmeistercharten der Leichtathleten in Sindelfingen (Helmut Digel, Präsident des Deutschen Leichtathletik-Verbands, zeigte sich entsprechend ›betroffen‹) – er dürfte vielmehr den ehemaligen Konkurrenten unter die Haut gegangen sein. [...] Reichenbachs Tod ist nicht die erste Hiobsbotschaft für alle Doper. Verdrängungskünste sind seit langem angesagt. Ärzte hatten immer schon gewarnt: Der Zeit der schimmernden Rekorde werde eine der tödlichen Überraschungen folgen. Niemand hat die Mahnungen wirklich ernst genommen. Es gab ja keine Beispiele, keine latenten Todesfristen, keine wissenschaftlichen Resultate. [...] Und auch Uwe Beyer, Jung-Siegfried im Nibelungen-Film, wurde nur einen Tag älter als 48 Jahre. Mors certa, hora incerta, heißt es: Der Tod ist sicher, unsicher die Stunde. Das gilt auch für Doper. Nur etwas früher?«

### Die »Unschuld« der Freiburger

Die Nachrichten des Jahrgangs 2009 von der Dopingfront lieferten überraschend keine im Keller der Frau Birthler entdeckten DDR-Untaten, sondern gipfelten in der Ankündigung des Bonner *General-Anzeigers* am 25. Juni 2009, die des Doping überführten Ärzte der Freiburger Uni-Klinik dürfen mit Straffreiheit rechnen. Das Blatt aus der Ex-Hauptstadt meldete: »Ärzte, die an Doping-Manipulationen kräftig verdienen, müssen selten etwas befürchten. Selbst der Freiburger Arzt Andreas Schmid, der mit seinem Kollegen Lothar Heinrich tief in das Doping-System rund um das deutsche Radteam T-Mobile verstrickt war, könnte ohne Strafe davonkommen. Da der Arzt den Vorgang abgebrochen habe und dem gedopten Fahrer Patrick Sinkewitz letztlich nichts passiert sei, komme bei Schmid ein ›strafbefreiender Rücktritt vom Versuch der Körperverletzung in Betracht‹, sagte ein Sprecher der Staatsanwaltschaft Freiburg. Darüber berichtet das Magazin stern in seiner neuesten Ausgabe. Bei der Eigenblut-Transfusion bei Sinkewitz hatte es Komplikationen gegeben, die nach Einschätzung von Ärzten lebensbedrohlich hätten sein können.«

Die Straffreiheits-Ankündigung sorgte allerdings für heftigen Widerspruch. Der Tübinger Medizinethiker Urban Wiesing, Leiter der Zentralen Ethikkommission der Bundesärztekammer erwartete – laut *stern* – »eine Bestrafung mit Signalwirkung« und hatte dabei sogar den »Widerruf der Approbation« im Blick. Der Ethiker urteilte zwar hart: »Wir haben eine zu lasche Gesetzeslage in Deutschland, die dopenden Ärzten viele Schlupflöcher bietet«, offenbarte dabei aber auch Ahnungslosigkeit.

Bei den inzwischen etwa ein Jahrzehnt zurückliegenden, damals täglich Schlagzeilen liefernden Prozessen gegen DDR-Sportärzte war eine »zu lasche Gesetzeslage« nicht erkennbar. Das demonstrierten auch die verkündeten Urteile.

Obwohl sich medizinische Gutachter außerstande sahen, die Schuld der Angeklagten in dem Maße nachzuweisen, wie es in solchen Situationen von Juristen gefordert wird, waren harte Urteile gefällt worden. Deshalb dürfte die Ethik-Kritik »lascher Urteile« höchstens für westliches Doping in Frage kommen.

Zudem: Die jetzt eingestandenen oder nachgewiesenen Eigenblutinfusionen übertreffen nach Ansicht kompetenter Mediziner alle bis dahin bekannten Risiken im Umgang mit Doping. Sie gelten in dem Stil, in dem sie in Freiburg praktiziert wurden – auch bei Sinkewitz hatte sich eine zum Tode führende Verklumpungsgefahr des Infusionsbluts bereits abgezeichnet – schlicht als lebensgefährlich. Dass nun Staatsanwälte den »Abbruch« eines solchen Eingriffs als »Rücktritt« ausdeuten und damit die Schuldlosigkeit der Freiburger Dopingärzte legalisieren wollen, rief – man erinnert sich – sogar Innenminister Schäuble auf den Plan: »Als jemand, der in Freiburg studiert hat, muss ich sagen: Dass ausgerechnet die Sportmedizin der Uni Freiburg sich in einem solchen Maße hat verstricken lassen, ist schmerzlich.« Ob der Bundesinnenminister inzwischen die betreffenden Staatsanwälte oder den Ethikwissenschaftler um ein aufklärendes Gutachten gebeten hatte, wurde bislang nicht bekannt. Die unlängst stattgehabte Verleihung der Ehrendoktorwürde der Uni Tübingen hätte sicher eine günstige Gelegenheit geboten.

Die *Süddeutsche Zeitung* meinte am 17. Juni 2009 skeptisch im Hinblick auf das Ausmaß des in Freiburg betriebenen Dopingsystems: »Drei Täter allein können es nicht gewesen sein – das vermuten alle, die sich mit dem jahrelangen Doping unter dem Dach der sportmedizinischen Abteilung an der Universitätsklinik Freiburg befassen. Gestanden haben bislang nur drei Ärzte ...: Professor Andreas Schmid, Lothar Heinrich und Georg Huber haben im Jahre 2007 unter der erdrückenden Last der Beweise zugegeben, was nicht mehr zu verheimlichen war. [...] Jetzt ist bestätigt worden, dass die Staatsanwaltschaft Freiburg [...] gegen vier weitere Sportmediziner, mehrere Leiter von Radrennställen und die Chefin der Rathaus-Apotheke in Elzach ermittelt.«

Das Blatt lieferte auch Antwort auf die Frage, wo die ermittelten Dopingtäter verblieben sind: Einer der Ärzte betreute noch Anfang Mai Fahrer des Milram-Teams bei einem Radrennen in Frankfurt. Nach wie vor im Leistungssport tätig sei Lothar Heinrich in den USA und Schmid soll als Arzt in einer Reha-Klinik in der Nähe von Freiburg sein. Die *Stuttgarter Zeitung* zitierte die Grünen-Abgeordnete Ilka Neuenhaus mit der alarmierenden Feststellung: »Der Sumpf scheint noch tiefer zu sein als bisher angenommen.«

Und dann bestätigte das Blatt die Uraltweisheit: »Neben der strafrechtlichen gibt es eine politische Seite, mit der sich die Verantwortlichen schwer tun. Die Freiburger Sportmedizin hatte von Anfang an den Auftrag, die Medaillenchancen deutscher Spitzenathleten zu verbessern – mit ›leistungssteigernden Mitteln‹, denen ärztliche Koryphäen Unbedenklichkeit bescheinigten. So wie der Olympiaarzt Professor Joseph Keul, ein Säulenheiliger bis heute.«

Es folgten alarmierende Zahlen: »Kurz bevor Keul im Jahr 2000 starb, hatte die Freiburger Sportmedizin 5.100 Sportler unter Betreuung, bis zu 80 Prozent aller westdeutschen Kaderathleten und Sportstars, Fußballer, Leichtathleten, Wintersportler, Radrennfahrer, Tennisspieler, Ruderer.« Keul war seit 1960 Assistenzarzt der bundesdeutschen Olympiamannschaft und wurde 1980 ihr Chefarzt. Das macht deutlich, was unter »von Anfang an« zu verstehen ist: 1960.

Aufschlussreich aus heutiger Sicht auch die damalige Reaktion von Telekom, wie die *Frankfurter Rundschau* am 20. Juli 1998: »Das deutsche Team Telekom, das durch den Festina Ausschluss seine größte Konkurrenz verloren hat, beteuert erneut seine ›hundertprozentige Sauberkeit‹, so Teamchef Walter Godefroot. In Sorge um den Ruf des Unternehmens beschloss der Vorstand der Deutschen Telekom am Wochenende, beim eigenen Radteam von neutraler Seite Sonderkontrollen durchzuführen und zur Entwicklung eines Nachweisverfahrens von EPO eine erhebliche Summe zur Verfügung zu stellen.«

Welch skandalöser Bluff!

Telekomfahrer hatten sich nach den Geständnissen von 2007 im Jahr 1998 unter ärztliche Anleitung fleißig mit EPO gedopt – und das Unternehmen beschwor »hundertprozentige Sauberkeit«!

Es blieb nicht bei dieser billigen Geste.

Telekom hatte auch noch großzügig eine stattliche Summe gestiftet, die helfen sollte, EPO künftig nachweisen zu können. Hemmungslos wurde dieses Täuschungsmanöver in Szene gesetzt – die EPO-Doper versprachen, in den Kampf gegen EPO zu investieren. Und die Medien feierten natürlich den Anti-Doping-Feldzug gebührend

Die *Rheinische Post* (20. Juli 1998) titelte die Story: »Telekom greift im Kampf gegen Doping an« und pries die Spiegelfechterei ungezügelt: »Das Unternehmen handelte schnell und unbürokratisch. Rund eine Million Mark stellt sie in den nächsten drei Jahren zur Verfügung. Damit sollen Forschungsaufträge zur. Verbesserung von Dopingkontrollen finanziert werden. [...]

Bei der Vorstellung der Initiative in Frankfurt/Main [...] erklärte Jürgen Kindervater für die Telekom: [...] Über die Vergabe der Gelder entscheidet eine unabhängige Kommission mit dem Freiburger Prof. Joseph Keul, Präsident des Deutschen Sportärztebundes, medizinischer Berater der deutschen Olympia-Mannschaften, des Tennisteams und der Telekom-Profis, an der Spitze. Die weiteren Mitglieder: Walter Tröger, Präsident des Nationalen Olympischen Komitees, Olaf Ludwig, Vizepräsident des BDR, Karl-Friedrich Brodeßer, Vorsitzender der Antidopingkommission des deutschen Sports, sowie die Professoren Wilhelm Schänzer und Klaus Müller, Direktoren der Dopinglabors in Köln und Kreischa.

Vorrangig soll mit dem Geld von Telekom nach Methoden geforscht werden, die die Anwendung des gentechnologisch hergestellten Hormons EPO, schlüssig nachweisen.«

Da zuvor schon von Zynismus die Rede war, fällt es schwer, noch eine treffendere Vokabel zu finden. Selbst Perversität reicht nicht hin.

## Die Rolle der »kleinen Roten«

Dem Laien soll noch erklärt werden, worum es bei EPO überhaupt geht, selbst auf die Gefahr hin, dass es eine simple Erklärung bleibt, die ein Mediziner belächeln könnte.

Rote Blutkörperchen transportieren den lebensnotwendigen Sauerstoff durch den Körper. Demzufolge: Je mehr rote Blutkörperchen, desto größere Sauerstoffreserven. Ergo: Je mehr rote Blutkörperchen, desto höher die sportliche Leistung. Die Steigerung der roten Blutkörperchen ist höchst legal durch Höhentraining möglich, denn dünnere Luft in extremen Höhenlagen befördert automatisch die Zunahme von roten Blutkörperchen. Wer danach aus der extremen Höhe auf einen Sportplatz in Meereshöhe zurückkehrt, ist jedem Rivalen durch seine höhere Zahl roter Blutkörperchen überlegen.

DDR-Rennfahrer bestritten zum Beispiel Jahre hindurch eine sportlich bedeutungslose Etappenfahrt, deren Nutzen darin bestand, dass sie in extremer kolumbianischer Höhe ausgetragen wurde. Die Gastgeber finanzierten den Aufenthalt der DDR-Spitzenfahrer, kamen so zu einer attraktiven Veranstaltung und die DDR sparte die Kosten.

Eines Tages ersann man eine Variante, die auch noch die Reisekosten ersparte und den Aktiven zudem vor dem Stress des Transports von Etappenort zu Etappenort bewahrte – man installierte vor der Haustür die Bedingungen »künstlichen Gipfels«. Es entstanden – dem Pilotentraining nachempfundene – Unterdruckkammern, in denen die Athleten den gleichen Umweltbedingungen ausgesetzt waren wie beim Training in extremen Höhenlagen. Festzustellen ist noch: Weder Höhentraining noch Training in Unterdruckkammern gilt als Doping! Der Körper reagiert auf die Unterdruck-Umgebung und erhöht die roten Blutkörperchen auf natürlichem Wege.

Sehr bald begannen US-amerikanische Pharmakonzerne – verkürzt und deshalb unwissenschaftlich dargestellt – rote Blutkörperchen in Laboratorien »herzustellen«, die dem Blut der Athleten beigefügt werden sollten. Dem Körper der Aktiven wurde Blut »abgepumpt«, die roten Blutkörperchen hinzugefügt und das »angereicherte« Blut gespeichert bis es – vor einer zu erwartenden hohen körperlichen Belastung – durch eine Infusion dem Körper wieder zugefügt wurde.

Mediziner warnten bald energisch vor dieser Variante, die Leistungen der Athleten steigern zu wollen, schon weil die Risiken bei unkontrollierten Blutübertragungen extrem hoch sind. Die nun intensiv für den Leistungssport produzierenden Pharmaunternehmen ignorierten diese Bedenken und erst recht die Ärzte, die – wider besseren Wissens – ein Risiko solchen Blutwechsels leugneten.

Eines Tages flog der Schwindel auf. Von den Medien stattlich honorierte Geständnisse sorgten für einen Skandal von solchen Dimensionen, dass sich sogar die Bundeskanzlerin zu Wort meldete: »Die bisherigen Geständnisse und Ermittlungen reichen nicht aus, um reinen Tisch zu machen!« Sie verlangte: »Jetzt muss den Dingen weiter konsequent auf den Grund gegangen werden.«

Für den regierungsamtlichen Eifer lieferten die zuständigen Medien den Öffentlichkeits-Hintergrund. So widmete die *Welt* am 25. Mai 2007 dem Tatbestand einen Leitartikel, in dem – für den durch endlose Vorwürfe möglicherweise verzagten DDR-Bürger unfassbar – zum ersten Mal das Stichwort »Staatsdoping« fiel. Und zwar im Hinblick auf den Staat Bundesrepublik Deutschland!

»Es geht darum, dass wir eben nicht mehr im alten Rom leben und auch nicht leben wollen. [...] Da ist an vorderster Stelle der Offenbarungseid einer öffentlich finanzierten Sportmedizin zu nennen, in die sich über lange Jahre Strukturen organisierter Kriminalität einnisten könnten. Offenbar stehen wir auch hier erst am [...] Anfang der Enthüllungen.

Solange es hier vor allem Fragen und keine Antworten gibt, ist jedes Misstrauen gerechtfertigt – auch gegenüber den Usancen bei der Sportförderung durch das verantwortliche Bundesinnenministerium.«

Waren das nicht just die Vorwürfe, die von den dem »Unrechtsstaat« zu Leibe rückenden Staatsanwälten und Richtern in den DDR-Dopingprozessen formuliert worden waren? Und das könnte jetzt auch für die Bundesrepublik gelten?

Die *Welt* fuhr fort: »Des Weiteren stellt sich die Frage nach der Rolle eines – vormals staatlichen – heute halbstaatlichen Telekommunikationskonzerns, der ebenfalls über Jahre diesen Drogenzirkus mitfinanziert hat. Es reicht beileibe nicht, auf einer herzerweichenden Pressekonferenz zwei reuige Sünder zur Saulus-Paulus-Aufführung antreten zu lassen. Soll erst der Staatsanwalt

Mitwisser und Anstifter aus den Entscheiderkreisen dieses Unternehmens pflücken? [...]

Das Zusammenwirken öffentlicher Einrichtungen zum Zwecke der drogengestützten Leistungssteigerung im Sport nennt man Staatsdoping. So war es zum Beispiel im Falle der DDR. Wie soll man das nennen, was sich in den letzten zehn Jahren im deutschen Profi-Radsport abgespielt hat?«

Das brachte die Frage auf den Punkt! Begannen bundesdeutsche Medien Wahrheiten im Hinblick auf die DDR zu formulieren?

»In den frühen Zeiten der Tour de France lieferten sich die beiden Italiener Fausto Coppi und Gino Bartali erbitterte Duelle. Coppi und Bartali gestanden, gedopt zu haben. Bartali bekannte vor italienischen Fernsehkameras seine Vorliebe für ›La Bomba‹ (Amphetamine) und sagte: ›Alle haben es genommen, und wer das Gegenteil behauptet, verdient es nicht, dass man mit ihm über Radsport spricht. Ich habe es immer genommen, wenn es notwendig war.‹ Warum die beiden hier zitiert werden? Weil Bartali ein Mann der Kirche war und Coppi über seinen Rivalen einmal sagte: ›Das ist vorteilhaft, weil er die Beichte abnehmen kann. Das erleichtert.‹«

Beenden wir den Ausflug in die Coppi-Vergangenheit und kehren in die Gegenwart zurück.

Oder: Bummeln wir aus der Vergangenheit in die Gegenwart. Der heutige Präsident des bundesdeutschen Radsportverbandes BDR, ein gewisser Herr Scharping, hatte Journalisten auf die Frage nach der Doping-Vergangenheit im Radsport geantwortet: »Da müssen Sie meine Vorgänger fragen!«

Ich bin einer seiner Vorgänger, denn ich war eine kurze Zeit Präsident des Radsportverbandes der DDR.

Mein »Nachfolger«, jener Scharping, hat den des Doping geständigen Erik Zabel längst begnadigt und das mit den Worten kommentiert: »Als Fan freue ich mich, dass ein guter alter Freund nach einem einmaligen Fehltritt, der elf Jahre zurückliegt, nicht fallen gelassen wird.«

Ich erinnere mich der Siegerehrung nach der Friedensfahrt von 1955, als Zabels Vater den neunten Rang in der Gesamteinzelwertung belegte. Neben den anderen Directeurs der Friedensfahrt gratulierte ich ihm damals und bin noch über ein halbes Jahrhundert danach felsenfest überzeugt, keinem Gedopten die Hand geschüttelt zu haben.

### »Ausreißversuch« von Dietz

Losgetreten hatten die Lawine der Rennfahrer Bert Dietz und der »Staune-über-alles-Talkmaster« Beckmann. Dass Beckmann hinterher auch noch einen Preis dafür gewann, könnte irreführende Motive für seine Rolle unter den Dopingbekämpfern vermuten lassen. Für den einen ging es um einen Platz in der Spitzengruppe der TV-Plauderer und für den anderen ums Honorar. Damit ließ sich in diesem Fall Geld machen, Ethik und Moral rollten in der letzten Gruppe des Feldes hinterher.

Der *Tagesspiegel* beschrieb am 27. Juni 2007 das Ereignis informativer als viele andere: »Ende eines Ausreißversuchs – Der Tag danach, hat Bert Dietz einmal gesagt, sei wahrscheinlich der schönste in seiner Karriere gewesen. ›Alle Fahrer kamen zu mir, alle Betreuer, alle Sportlichen Leiter. Sie haben mir alle gratuliert. Erst da habe ich realisiert, was ich eigentlich geleistet habe.‹

Es ist der 21. September 1995, und der Radrennfahrer Bert Dietz vom deutschen Team Telekom steht zum ersten Mal in seiner Profi-Karriere richtig im Rampenlicht. Tags zuvor hat er die 12. Etappe der Vuelta gewonnen, die Königsetappe der Spanien-Rundfahrt, nach 200 Kilometern Alleinfahrt, nach schier endloser Quälerei auf den letzten 29 Kilometern hoch zur Skistation der Sierra Nevada, 2.300 Meter über dem Meeresspiegel, eingeholt erst kurz vor Schluss vom späteren Gesamtsieger, dem Franzosen Laurent Jalabert. Es ist eine Geschichte vom Geben und Nehmen, wie sie nur der Radsport schreibt mit seinen vielen ungeschriebenen Codices, seinen Gesten von gelegentlicher Generosität der Großen gegenüber den Kleinen. Denn der Franzose lässt dem Deutschen den Etappensieg, Anerkennung für dessen, ja, übermenschliche Leistung an diesem Tag.

›Ihm habe ich den Sieg zu verdanken‹, wird Dietz später sagen, ›denn sonst wäre von hinten noch ein anderer gekommen‹.

Wem er den Sieg auch noch zu verdanken hat, darüber wird Bert Dietz fast zwölf Jahre lang schweigen.

Am Tag, nachdem Bert Dietz sein Schweigen gebrochen hat, kommt niemand mehr. Kein Fahrer. Kein Betreuer. Kein Sportlicher Leiter. Es gratuliert auch niemand. Und ob Bert Dietz realisiert, was er geleistet hat, ist zumindest nicht sicher. Wahrscheinlich eher nicht. Seit diesem Tag im Rampenlicht ist Bert Dietz *incommu-*

*nicado*, wie auf einem Ausreißversuch in eine andere Welt, abgetaucht in eine selbst gewählte Isolation, nicht erreichbar selbst für ehemalige Weggefährten.

Der Tag danach ist der 22. Mai 2007. Der Rennfahrer Bert Dietz, seit sieben Jahren nicht mehr aktiv, hat zum zweiten Mal in seiner Karriere im Rampenlicht gestanden. Tags zuvor, an einem Montagabend nach den ›Tagesthemen‹, hat er bei ›Beckmann‹ zugegeben, in seiner aktiven Zeit gedopt zu haben, in seinem ersten Profijahr 1994 gelegentlich mit Kortison, dann, von 1995 an, systematisch mit Epo, das den Sauerstofftransport im Blut verbessert.

Es ist ein Auftritt, der in die Sportgeschichte eingeht, auch in die Fernsehgeschichte, und wenn man so will, dann ist auch dies eine Geste der Großen gegenüber den Kleinen. Eine Zweckgemeinschaft hat sich an diesem Montagabend für eine Sendung lang gebildet, so wie im Radsport üblich, so wie seinerzeit auf den Serpentinen hoch zur Sierra Nevada. Nur, dass der Mann an Dietzens Seite nun Reinhold Beckmann heißt.

Eine Zweckgemeinschaft. Denn das deutsche Fernsehen und der deutsche Radsport justieren ihr Verhältnis zueinander neu, seitdem offenkundig ist, dass die Strapazen der Tour de France nicht allein durch regelmäßige Zufuhr von Müsli-Riegeln zu überstehen sind. Ein paar Wochen zuvor noch hat Beckmann die deutsche Radsport-Ikone Jan Ullrich in seiner Sendung gehabt, den in Ungnade gefallenen Star von gestern. Ein Mann, an dem längst nicht mehr die Größe seiner Siege interessant ist, sondern nur noch die Größe seines Betrugs. Doch Ullrich hat zum Thema Doping eisern geschwiegen. Dem Fernsehmann fehlte noch eine einschlägige Beichte. Dietz aber redet. Eine gute halbe Stunde lang, in etwa die Zeit, in der sie sich sonst auf dem Rad an der Rolle warm machen fürs Zeitfahren. Als er fertig ist, ist im deutschen Radsport nichts mehr wie es war. Dietz beschreibt Doping-Praktiken, nennt die Namen zweier Freiburger Sportärzte, deutet die Verseuchung des Radsports an. Er hat damit, noch einmal, ein letztes Mal in seinem Radfahrer-Leben, eine Etappe gewonnen. Und Beckmann auch. [...] Zabel weint an jenem Donnerstag. Ihm stockt die Stimme oben auf dem Podium, als er seine Doping-Beichte abgibt. Er hat einen Sohn, der auch Radrennen fährt. Zabel sagt vom Podium herab, er habe an ihn denken müssen.

Auch Bert Dietz hat einen Sohn, der gelegentlich Radrennen fährt. Er gilt als talentiert, so wie der Vater. So wie die Mutter Jeanette, früheres Mitglied der DDR-Frauennationalmannschaft. Die Dietzens sind eine Radsportfamilie. ›Die Gene‹, sagt Wolfgang Schoppe, Vize-Präsident des Bundes Deutscher Radfahrer (BDR), ›sind in die Kinder gewechselt‹. Schoppe kennt Dietz seit fast zwei Jahrzehnten. Zum ersten Mal fällt er ihm auf bei den DDR-Straßenmeisterschaften 1988. Dietz fährt couragiert in einer Vierergruppe vor dem Feld her. Am Ende wird er Vierter, geschlagen von den DDR-Radsportgrößen Martin Götze, Falk Boden und Olaf Ludwig. Schoppe denkt damals: ›Das kann mal ein Großer werden.‹

Aus Bert Dietz ist dann kein Großer geworden. Und vielleicht hängt alles an diesem 21. Mai bei ›Beckmann‹ auch damit zusammen, dass er kein Großer geworden ist.

Dietz hat nicht geweint bei seinem Doping-Geständnis. Aber vielleicht hat auch er, so wie Zabel, an seinen Sohn gedacht, an die Schinderei in seinem Sport, den er zu seinem Beruf gemacht hat, an das Wenige, was ihm danach geblieben ist und an seinen Radsportladen in dem 1.800-Einwohner-Nest Klinga bei Leipzig, bei dem sich das halbe Dorf fragt, wie man davon existieren kann.

Vielleicht also ist dies eine typische Radsportgeschichte. Die Geschichte eines Mannes, der die ungeschriebenen Regeln seines Sportes einfach noch einmal aufs Leben übertragen wollte.

Es ist kein Zufall, dass Bert Dietz an diesem 21. Mai bei Reinhold Beckmann sitzt – aber es hätte auch nicht so kommen müssen. Es ist ein bisschen so wie im Hauptfeld im Radsport. Es herrscht Nervosität. Man erwartet Ausreißversuche. Es scheint nur noch eine Frage der Zeit, wann sich die ersten Rennfahrer outen, nachdem der *Spiegel* Ende April die Aussagen des ehemaligen Telekom-Masseurs Jef D'Hont veröffentlicht, wonach im Team Telekom Doping mit Epo zum Alltag gehörte. Die Geschichte trägt den Titel: ›Der einzige Zeuge‹, es ist ein Titel mit Verfallsdatum. […]

Bert Dietz bietet dieses Wissen an. Er hat einen Berater zur Seite, Sven Melkers. In der Radsportszene ist er kein Unbekannter – einmal, 2001, hat er den Titelsong zur Deutschland-Tour aufgenommen: ›Together‹. Doch in diesen ersten Maiwochen fällt er vornehmlich durch das Tragen eines Basecap auf, die hektisch-nervöse Präsentation von Verträgen, die zur Verschwiegenheit verpflichten und durch das Stellen von absurd anmutenden finanziellen Forderungen, jeweils abgestuft nach Enthüllungsgrad der Aussagen von Dietz. Die angebotenen Info-Pakete sollen in einer Spanne von 35.000 bis 70.000 Euro liegen.

Es ist der Lohn für die Preisgabe einer Lebenslüge, wahlweise seiner eigenen oder der eines ganzen Systems. Es sind hektische Verhandlungen mit verschiedenen Redaktionen in diesen Tagen, und es müssen hektische Verhandlungen mit ›Beckmann‹ gewesen sein, bei dem man schließlich landen kann, selbst am Tag der Aufzeichnung noch. Dietz und Melkers kommen verspätet aus Paris, als sie endlich im Studio Platz genommen haben, ist es bereits nach 20 Uhr. Die Zeit wird knapp. Die beiden bestehen darauf, dass Ausschnitte aus der Sendung nicht wiederholt werden dürfen, auch die Online-Nutzung wird eingeschränkt. Die Generalreinigung einer Seele sieht anders aus – doch wie hoch sind die Reinigungskosten? Beim *NDR* bestreitet man, dass Dietz mehr für die Sendung erhalten hat als eine Aufwandsentschädigung, ›wie sie im Rahmen einer solchen Sendung branchenüblich ist‹. Die Summe, heißt es, ›liegt nicht annähernd in der Größenordnung einer sechsstelligen Zahl‹. Sechs Stellen – 100.000 Euro.

Der Betrag ist bereits am Tag danach auf dem Markt der Gerüchte, er hält sich hartnäckig – und Dietz, der in einschlägigen Internetforen noch unmittelbar für seine ›Zivilcourage‹ gelobt wurde, wird damit leben müssen, in der Radsportszene fortan als derjenige zu gelten, der mit seiner Lebensbeichte noch einmal Kasse gemacht hat. In der Szene wird dies beileibe nicht einhellig verurteilt, oft schwingt Verständnis mit. Dass Geld geflossen ist, sagt ein Insider, der Dietz seit langem kennt, stehe außer Frage

– ›sonst würde er das nicht tun‹. Es ist eine Geschichte des Gebens und Nehmens, nur dass die Kleinen selten mehr nehmen dürfen, als sie zu geben haben.

Dietz, so scheint es, hätte in seiner Karriere gerne mehr genommen. Schon in den 90er Jahren, als er für ein Nürnberger Team fuhr, hatte er wohl Geldprobleme. Dieter Burkhardt war damals Geschäftsführer des Radstalls, er kennt Dietz, seit der direkt nach der Wende nach Nürnberg kam, damals als Amateur zur RSG Nürnberg. ›Der Bert konnte nie so richtig mit Geld umgehen‹, sagt Burkhardt. ›Der hatte einen relativ hohen Lebensstandard.‹ Von Schulden war damals die Rede, eine Eigentumswohnung in der Nähe von Nürnberg habe Dietz verkaufen müssen.

1999 startete Dietz fürs Team Nürnberger, 2001 wird er Zweiter Sportlicher Leiter des Radstalls, ein Freundschaftsdienst von Burkhardt. Dietz kann als Fahrer nicht mehr mithalten. Er soll sich ums Sportliche kümmern, aber dann führt er ohne Rücksprache mit der Teamführung Sponsorengespräche. Andere Probleme kommen hinzu, nie Gravierendes, in der Summe aber zu viel. Nach einem Jahr muss er gehen. In München findet er einen Job als Sportlicher Leiter, ›aber das war gar kein richtiges Team, das war eigentlich gar nichts‹, sagt Burkhardt. […]

Der geständige Radprofi hat einschlägige Termine abgesagt, etwa seine Teilnahme an den ›Neuseen Classics‹, wo er als Rennleiter vorgesehen war – und wo die Medien auf ihn gewartet haben, so wie tagelang zuvor vor dem Haus in der Erlenstraße in Klinga, dort, wo auch Ende Juni immer noch die Rollläden halb heruntergelassen sind, wo nicht ans Telefon gegangen wird und wo auf Klingeln nicht geöffnet wird.

Bert Dietz ist seit ›Beckmann‹ keine öffentliche Person mehr.

Direkt neben seinem Haus ist ein schmuckloses Gebäude angebaut. Es hat große, lange nicht geputzte Scheiben, und hinter den Scheiben stehen unsortiert Renn- und Tourenräder, Mountainbikes und ein blau-gelbes Kinderfahrrad. Es ist das Fahrradgeschäft von Dietz, nicht viel mehr als ein Lagerraum. Neben der Tür hängt ein Zettel: ›Wegen einer Konzeptänderung werden Reparaturen nur in dringendsten Fällen angenommen.‹ Die Regenrinne am Dach ist nicht ans Rohr, das zur Erde führt, angeschlossen – ein Provisorium, das nicht so recht zum Rest der Erlenstraße mit ihren schmucken Häuschen passen will. Doch ins Bild der Dörfler passt es gut. Dass Dietz in Klinga ›Fahrräder für 1.000 Euro und mehr‹ verkaufen wollte, hat niemand so richtig verstanden. Geklappt hat es fast nie.

Im ›Schwarzen Roß‹, der Dorfkneipe, fällt der Wirt Peter Knebber ein für einen örtlichen Geschäftsmann verheerendes Urteil: ›Die haben überhaupt keine Kontakte. Den Dietz kennt hier eigentlich keiner.‹ Knebber will sagen: Da ist einer unter uns, der passt nicht ins soziale Gefüge. In der Kneipe bündeln sich die Gerüchte des Orts, sie haben Nahrung bekommen seit dem TV-Auftritt. Knebber will wissen, dass ›der Dietz doch hoch verschuldet‹ ist. Einer, bei dem eine Zeit lang mal ›Männer in schwarzen Anzügen‹ vor der Haustür gestanden hätten – welche von der Sorte, die so schnell nicht mehr weggehen.«

Es waren Männer, die sich um die Reinheit des deutschen Radsports verdient gemacht hätten.

Wie auch immer: Der Wirbel, den Dietz ausgelöst hatte, war beträchtlich. Die Liste der »Geständnisse« wurde von Tag zu Tag länger, niemand vermochte die zur Sturzfahrt eskalierten »Staatsdoping«-Beichte zu bremsen!

Als einige Jahre zuvor diese Gefahr schon einmal drohte, hatte man einiges noch abwenden können.

Am 16. Juli 1998 hatte Dr. Heinrich, einer der führenden Mediziner in der von Telekom finanzierten »Anti-Doping-Bewegung«, der *FAZ* ein Interview gegeben. Eine der Fragen galt der Behauptung eines Schweizers, 99 Prozent der Radrennfahrer würden EPO nehmen. Heinrich reagierte mit der Axt: »So eine Quatsch-Aussage. Das ist ja wie früher in der DDR. 99 Prozent wählen der SED, und das soll dann Volkes Stimme sein. [...] Das ist üble Nachrede und absoluter Unsinn.«

Das sollte man nicht nur so lesen, weil es die Unverfrorenheit bloßlegt, mit der Ertappte sich auf Kosten der DDR zu retten versuchen.

Die nächste Frage lautete: »Findet im Team Telekom so etwas wie eine medizinische Aufklärung über die gesundheitlichen Risiken von Dopingmitteln statt?«

Dr. Heinrich: »Wenn mich ein Fahrer fragen würde, würde ich ihn aufklären, aber bisher bestand da noch kein Handlungsbedarf.«

Und dann: »Würden Sie die Hand für Ihre Fahrer ins Feuer legen?«

Dr. Heinrich: »Wer positiv getestet wird, fliegt sofort aus der Mannschaft.«

Und das sagte ein Mann, der irgendwann den Eid des Hippokrates geschworen hatte! Er selbst verstieß wissentlich gegen dieses Gelöbnis, denn bei Telekom wurde nicht 99prozentig gedopt, sondern 100prozentig. Und aus der Mannschaft wären nur die geflogen, die sich von den Mannschaftsärzten nicht dopen lassen wollten.

Man kommt nicht umhin §240 StGB zu zitieren: »Wer einen anderen rechtswidrig mit Gewalt oder durch Drohung mit einem empfindlichen Übel zu einer Handlung, Duldung oder Unterlassung nötigt, wird mit Freiheitsstrafe bis zu drei Jahren […] bestraft.«

**Warum zur Pille gegriffen wird?**

Warum hat Jupp Elze nicht den, der ihm die Pillen gab und die Spritzen injizierte, zum Teufel gejagt?

War er so ahnungslos?

Den Marathon-Olympiasieger von 1904 hatten sie mit Strychnin gedopt, und schon der dürfte gewusst haben, welche »Nebenwirkungen« das Medikament hatte. Akzeptierte er sie um eines Sieges willen?

Wer diese Frage bejaht, sollte hinzufügen: eines Sieges, von dem er sich sozialen Aufstieg erhoffte! Das galt schon um die vorige Jahrhundertwende.

Elze hatte die Lebensversicherung kündigen müssen, um seine Familie nicht in Not geraten zu lassen, und ersetzte die Lebensversicherung durch das Lebensrisiko des Dopings. Das Motiv: Er hoffte, als Europameister an das ganz große Geld zu kommen.

Und Brigit Dressel?

Der *Spiegel* vermutete: »Es geht um die greifbar nahen Rekorde, um Geld, Ruhm, Meistertitel und den ruhigen, wohlversorgten Lebensabend« und dürfte der Wahrheit nahe gewesen sein.

Und Reichenbach? Der wusste: Als Rekordhalter macht man bessere Geschäfte …

Das ganz oben einzuordnende Motiv war für sie also eine »gesicherte« Zukunft, sicher bis hin zum »Lebensabend«. Wer aber könnte solche »Sicherheit« garantieren? Wie das bei einer Lebensversicherung funktioniert, weiß jeder. Im Sport verheißt Triumph – einschließlich Titel und Medaillen – zunächst einen halbwegs sicheren Job.

Der einstige BRD-Ruder-Olympiasieger und heutige Professor für Philosophie an der Universität Karlsruhe, Hans Lenk, untersuchte schon vor Jahren die Frage, ob Athleten im allgemeinen und in der BRD im besonderen manipuliert wurden und werden und resümierte: »›Sportveranstaltungen‹, so formuliert die neue Gesellschaftskritik konzentriert, ›sind Organisation menschlicher Unmündigkeit und Frustration in Permanenz. […] Jene Veranstaltungen sind Bestandteil eines Systems, das die abhängigen Massen immer stärker apathisiert, manipuliert und fragmentiert, so dass sie kaum noch in der Lage scheinen, Emanzipationsbewegungen als kollektive, klassenbewußte Lernprozesse einzuleiten‹ (Krovoza, Leithäuser in Vinnai). […]

Die neue Sozialkritik sieht auch für den aktiven Sportler die sportlichen Leistungen als ›einen ergiebigen Ersatzbereich, in dem systemgefährdende Kräfte systemimmanent neutralisiert werden und durch sportliche

Erfolgserlebnisse zur Identifikation mit der Repressivität des Systems gebracht werden‹ (Böhme). […] Im immer mehr bürokratisch organisierten Sport schrumpfe ›der einzelne Aktive […] zum Objekt zentraler, entfremdeter Verwaltungen, deren Anordnungen er sich zu fügen hat. Die Verbandsbürokratien reglementieren das Verhalten der ihrer Hoheit Unterworfenen, indem sie Spielregeln festsetzen und deren Einhaltung erzwingen, Wettspiele verplanen, die Mannschaften verschiedenen Leistungsklassen zuordnen, Leistungen registrieren.‹ (Vinnai) […] Daher kann man nach Rigauer kaum von einer freiwillig vollbrachten Leistung im Sport sprechen; ›denn das zur Ausübung von Leistungssport entschlossene Individuum muß sich dem jeweils herrschenden System von Wertvorstellungen und Handlungsschemata in hohem Maße unterordnen. Leistungssport betreiben heißt leisten müssen, um gesellschaftliche Leistungserwartungen zu erfüllen.‹ […] Selbst ein sonst so abwägender Autor wie Günter Grass meint neuerdings, dass die ›Diktatur des Leistungsprinzips‹ sich im Leistungssport verschärft widerspiegelt. Ein ›Ersatzwettrüsten‹ in allen Sportnationen findet statt. Die Sportler werden nicht nur vom persönlichen Ehrgeiz getrieben: ›Es ist das kollektive Leistungsprinzip, das sie antreibt‹. ›Leistungssport dient nicht zur Befreiung von Zwängen. Er ist das Resultat von Zwängen, denen sich Leistungsgesellschaften beugen. Sie haben durch blinde Bereitwilligkeit Spitzensportler gezüchtet, um sich selbst in ihnen darzustellen.‹

›Fehlinvestierter gesellschaftlicher Ehrgeiz‹ fordere Überspitzung. Doch ›Leistung als Prinzip überfordert diejenigen, denen sie abgepresst wird, frisst und vergeudet ihre Kraft, ihre Gesundheit, ihre Zeit‹. [...] Aufsehen erregt hat (der spektakuläre Fall) der Brüder Mang, die zu einer deutschen Meisterschaft nicht erschienen, weil sie angeblich beide verletzt waren. Einer der Brüder wurde daraufhin aus dem Förderungskader gestrichen, während der andere vom Fachverband zunächst gesperrt wurde – inzwischen aber wohl ›zu Kreuze gekrochen‹ ist und sich durch einen Weltrekord vollauf rehabilitiert hat. Kommentierte die *Frankfurter Rundschau* am 1. Juni 1970: ›Die drastischen Auflagen, die der Heberverband dem hoffnungsvollen Talent auferlegt, erinnerten, so sehr sie auch aus der Sicht der verantwortlichen Funktionäre gerecht und notwendig erscheinen mögen, stark an die schroffen Gesetze einer rauhen Leistungsgesellschaft, an die Prinzipien von Arbeitgebern, die konsequent die Kündigung ins Haus flattern lassen, wenn die Leistung nicht mehr dem Lohn zu entsprechen scheint.‹

Der Athlet fühlte sich abhängig von Auflagen, Drohungen, einem quasimoralischen Kesseltreiben im sogenannten öffentlichen Interesse: ›Man möchte einen ganz abhängig machen von der Sporthilfe. [...] Ich weiß gar nicht, was noch einmal werden soll.‹ [...]

Dwertmanns Zusammenstellung der Zitate schließt mit der Prognose: ›Die Ausbeutung der sportlichen Leistungskraft der Jugendlichen wird so verfeinert sein‹, wenn einmal der Schulsport voll in das Förderungssystem integriert ist, ›dass sie als solche kaum noch durchschaubar ist‹.« (Lenk, H.,Wird der Spitzensportler manipuliert? In: Acker, H. [Hrsg.]; Rekorde aus der Retorte, Stuttgart 1972, S. 84ff.)

Lenk listete acht verschiedene Bedeutungen des Begriffs der Manipulation des Athleten in der modernen Sozialkritik auf. Die zweite mündete in der Frage: »Besteht die ›Manipulation‹ in der durch Erfolgsversprechungen und dosierte Belohnungen geförderten kritiklosen Anpassung an das herrschende politische und gesellschaftliche System? Sind die Athleten, die unkritisch luxurierten Leistungsexponenten der Nation, die korrumpierten Nutznießer einer öffentlichen Förderungs- und Sympathiewelle, über die sie weiter nicht nachdenken? Leisten sie ihren stabilisierenden Beitrag zur Erhaltung des Funktionärsestablishments und der Gesellschaft auch im Ganzen? Schließt Sport politisches Interesse und Nachdenken unvermeidlich aus?

Sicherlich ist dies nicht in aller Allgemeinheit stets der Fall; denn es gibt kritische Athleten, es gibt aufmerksame, intelligente und mutige Spitzensportler, die sich nicht einmal scheuen, mit Kritik an die Öffentlichkeit zu gehen. [...] Andererseits ist klar, dass sehr viel mehr Aufklärung unter den Athleten not tut. [...] Sportliche Tätigkeit und Leistungsorientierung schließen politische und demokratische Aufgeschlossenheit durchaus nicht aus.« (Ebenda, S. 89ff.) Die kritische Untersuchung der gesellschaftlichen Situation des Hochleistungssports in der BRD schloss er mit dem Appell: »Spitzenathleten sind auch Menschen, keine ›maschinellen Medaillenproduzenten‹, keine Hochleistungs-Muskelmaschinen, keine nützlichen Leistungsidioten. Theoretisch sieht das jeder Sportführer und jeder Trainer auch ein. Man sollte im einzelnen gezielter, unbürokratischer und menschlicher danach handeln.« (Ebenda, S. 100)

Soviel einige kluge Gedanken zu dem Thema aus soziologischer Sicht. Indes wirken heute in dem seit 1972 radikal kommerzialisierten Leistungssport ökonomische »Gesetze«, die zu Lenks Zeiten noch gar nicht in dem Ausmaß wirksam waren.

### Der Belgier und die Brauerei

Die Rechnung ist im Grunde so simpel wie das kleine Einmaleins: Ein Radrennfahrer, der einen Firmennamen, den man ihm aufs Trikot druckte, vor die Fernsehkamera fährt, wirbt für die betreffende Firma und – errechneten Marketingexperten – preiswerter als es die Werbeindustrie mit ihren »Spots« tut.

Vor Jahr und Tag hatte man mich, den Friedensfahrt-Direktor, als Ehrengast zur Tour de France eingeladen. Man offerierte mir einen Platz im Wagen eines sympathischen Belgiers – so lustig und verschmitzt wie Peter Sodann –, der auf dem Beifahrersitz einen französischen Schiedsrichter transportierte. Wir waren ein geselliges Trio und hatten nie Streit.

Das einzige, was ich mir lange nicht erklären konnte war, warum mich der Belgier vom Ziel der Etappe vor unser Hotel kutschierte und dann davonraste, als hätte er einen wichtigen Termin versäumt. Beim Abendessen traf ich ihn dann wieder, mal guter, mal weniger guter Laune. In vorgerückter Stunde erschien jeden Abend irgendein Unbekannter an unserem Tisch, nahm Platz, plauderte ein Viertelstündchen, nahm dann von dem Belgier einen Briefumschlag entgegen und verschwand.

Als wir in Paris Abschied voneinander nahmen, lud ich ihn zu einer Flasche Wein ein, und als wir die dritte geleert hatten, bat ich ihn, mir zu verraten, warum er jedesmal nach dem Ziel mit Vollgas davongebrummt sein, wer diese unbekannten Herren waren und was in jenen Briefen gesteckt hatte, die er jeden Abend über irgendeinen Kneipentisch geschoben hatte? Er grinste, zuckte die Schultern und gab sich dann einen Ruck: »Ist dir nie die Werbung an meinem Wagen aufgefallen?«

War sie. Es war das überraschend klein gehaltene Logo einer bekannten belgischen Bierbrauerei, die auch eine Mannschaft bei der Tour hatte.

Er nahm mir mein »Ehrenwort« ab, nie eine Zeile darüber zu schreiben, und wenn ich es heute nach 35 Jahren dennoch tue, dann weil ich weiß, dass ich damit mein »Ehrenwort« nicht breche – die Brauerei ist längst pleite.

Das Logo war nicht größer gewesen, weil der Schiedsrichter nicht in Verdacht geraten durfte, an der Bier-Werbung beteiligt gewesen zu sein. So hielt sich auch sein Salär in Grenzen.

Der Fahrer des Wagens jagte jeden Tag zu einem vereinbarten Telefonanschluss, von dem er ungestört telefonieren konnte. Und zwar mit dem Büro der Brüsseler Brauerei. Dort saß ein Mann vor dem Fernsehschirm und bediente eine Stoppuhr, mit der er die Zeiten registrierte, in der das Brauerlogo auf dem Bildschirm erschienen war. Dazu notierte er, ob es sich um die Rennfahrertrikots handelte, am Straßenrand installierte Werbung oder ein Schwenk zu jenem Schiedsrichter, der das Logo am Auto »mitnahm«. Diese Liste wertete der Spezialist in Brüssel minutiös aus, bis sie exakte Auskunft gab, wie viel Eifer die Kameramänner auf den Begleitmotorrädern aufgewandt hatte, die Brauerei-Werbung ins Bild zu bringen. Danach richtete sich die Summe, die der Fahrer des Wagens, in dem ich saß, abends dem Vertreter der Kameramänner über den Tisch schob.

Ich gestehe: Als er mir das System offenbart hatte, staunte ich, vor allem aber wusste ich fortan noch genauer, worum es bei der Tour de France neben der Frage, wer das gelbe Trikot trägt und wer als erster den Tourmalet erklettert, ging.

Dass ein Kameramann nur Rennfahrer filmte, die bei der Kletterei ziemlich weit vorne waren, muss ich nicht erklären, und dass die besten Kletterer oft auch »kletterhelfende Mittel« geschluckt hatten, muss schon lange nicht mehr dargelegt werden – alle wissen es.

Der Abend, an dem mir der Belgier dieses System erklärt hatte, liegt lange zurück. Firmen wie die belgische Brauerei oder die italienische Wurstfabrik, der man eines Tages nachwies, dass sie Gammelfleisch verarbeitet hatte, aber einen der berühmtesten Rennfahrer – übrigens auch ein Belgier – für diese Wurst hatte werben lassen, sind längst aus den Registern gelöscht. (Es könnte reizvoll sein – fiel mir ein, als ich das schrieb –, mal eine Liste der Firmen und ihr Schicksal zu erforschen, die bei der Tour warben.)

Fest steht: Eines der Unternehmen, die nach der Pleite des belgischen Brauers in das Geschäft mit den »rollenden Litfaßsäulen« einstiegen, war die Deutsche Telekom, deren Aktive Tour-de-France-Geschichte schrieben. Als jedoch ruchbar geworden war, dass auch die Fahrer in den Magenta-Trikots systematisch gedopt worden waren, geriet der Ruf des Teams und damit auch die Firma ins Zwielicht.

## Der große Coup

Um dieses Zwielicht wieder durch strahlendes Scheinwerferlicht zu ersetzen, kam man auf eine Idee, deren Zynismus kaum mehr zu überbieten war. Um nicht beschuldigt zu werden, ständig das kapitalistische System anzuklagen, entnahm ich die Schilderung der an eine Kriminalposse erinnernden Aktion der *Rheinischen Post* vom 20. Juli 1998. Titel: »Telekom greift im Kampf gegen Doping an«.

»Das Unternehmen handelte schnell und unbürokratisch. Rund eine Million Mark stellt sie in den nächsten drei Jahren zur Verfügung. Damit sollen Forschungsaufträge zur Verbesserung von Dopingkontrollen finanziert werden, aber auch ein internationales Forum ›Dopingfreier Sport‹, das sich etwa an Ärzte, Trainer und Physiotherapeuten wendet.

Schließlich trägt Telekom die Kosten für fünf Trainingskontrollen pro Jahr, denen sich freiwillig alle Fahrer ihres Radteams, auch die Junioren, unterziehen.

Bei der Vorstellung der Initiative in Frankfurt/Main […] erklärte Jürgen Kindervater für die Telekom: ›Wir sind natürlich durch die Ereignisse bei der Tour unter Druck geraten und mussten diesen Schritt tun. Wir hoffen, dass sich zumindest in Deutschland andere Sponsoren und Radteams anschließen.‹

Über die Vergabe der Gelder entscheidet eine unabhängige Kommission mit dem Freiburger Prof. Joseph Keul, Präsident des Deutschen Sportärztebundes, medizinischer Berater der deutschen Olympia-Mannschaften, des Tennisteams und der Telekom-Profis, an der Spitze. Die weiteren Mitglieder: Walter Tröger, Präsident des Nationalen Olympischen Komitees, Olaf Ludwig, Vizepräsident des BDR, Karl-Friedrich Brodeßer, Vorsitzender der Antidopingkommission des deutschen Sports, sowie die Professoren Wilhelm Schänzer und Klaus Müller, Direktoren der Dopinglabors in Köln und Kreischa. Vorrangig soll mit dem Geld von Telekom nach Methoden geforscht werden, die die Anwendung des gentechnologisch hergestellten Hormons EPO, das auch im Körper gebildet wird und die Zahl der roten Blutkörperchen erhöht, schlüssig nachweisen. Dies ist derzeit noch nicht möglich.«

Da der Begriff »Zynismus« kaum zu steigern ist, bleibt in diesem Fall nur die simple Umschreibung: Gipfel des Zynismus!

Der Tatbestand war schwer vorstellbar: Die Ärzte des Telekom-Teams dopten unverdrossen weiter, aber das von nun an unter der Aufsicht einer Schar ehrenwerter Herren, zu der sogar der Präsident des Nationalen Olympischen Komitees, Tröger gehörte.

Dass Prof. Keul an der Spitze dieser unglaublichen »unabhängigen Kommission« stand verblüffte kaum, aber wichtig erscheint der Hinweis darauf, dass dieser Arzt nicht nur in einer Freiburger Klinik seinem Gewerbe nachging, sondern zudem als »medizinischer Berater der deutschen Olympiamannschaften« fungierte.

Damit steht also fest – und ist von niemandem zu leugnen –, dass einer der versiertesten Dopingtäter der Bundesrepublik Deutschland »Berater« bei deren Olympiamannschaften war.

Ähnlich skandalös war die Berufung der beiden Dopinglaborchefs aus Köln und Kreischa zu bewerten!

Der Skandal hatte eine solche Dimension erreicht, dass sich – siehe oben – sogar Bundesinnenminister Schäuble für die Universität schämte, an der er einst studiert hatte.

Es blieb kein anderer Ausweg, als eine neue Kommission zu berufen, die: Die »Expertenkommission zur Aufklärung von Dopingvorwürfen gegenüber Ärzten der Abteilung Sportmedizin Freiburg.« Die untersuchte fast zwei Jahre lang, was sich zugetragen hatte und erstattete am 12. Mai 2009 ihren Abschlussbericht, auf den noch zurückzukommen sein wird, der aber auch eine Passage enthält, die die Infamie eine mit einer Million Mark ausgestatteten »Anti-Doping-Kommission« zu gründen, um sie missbrauchen zu können, in das richtige Licht rück.

Hier der Auszug: »Während offiziell Engagement im Kampf gegen Doping bekundet wurde, wurde im Team Telekom unter Verantwortung der dopingbelasteten Freiburger Ärzte weiter mit EPO und Wachstumshormon gedopt. Dies bestätigte der Radrennfahrer Jörg Jaksche, der 1999 zum Team Telekom gewechselt war, bei seiner Anhörung vor der Kommission am 12. Oktober 2007. Nach seiner Aussage sprach er im traditionellen Januar-Trainingslager auf Mallorca Dr. Heinrich an, um zu erfahren, ›wie bei Telekom die Sachen (Dopingmittel) gehandhabt werden‹. Dr. Heinrich bot Jaksche sofort an, dass er sich an ihn wenden könne, wenn er etwas brauche.

Anfang Mai 1999 erhielt er dann am Rande einer Veranstaltung im Leistungszentrum Herzogenhorn von Dr. Heinrich ohne Rezept 20.000 bis 30.000 Einheiten EPO in Form des rezeptpflichtigen Mittels NeoRecormonu (Wirkstoff Epoetin beta).

Bei dieser Veranstaltung handelte es sich vermutlich um das vom Arbeitskreis Dopingfreier Sport organisierte und durch Hilfe des Nationalen Olympischen Komitees vom Internationalen Olympischen Komitee geförderte Seminar »IOC – Radsport Seminar – Olympische Spiele Sydney 2000« vom 5. bis 7. Mai 1999 auf dem Herzogenhorn, dessen Leitung Professor Keul und Dr. Heinrich innehatten und an dem 88 Personen (deutschsprachige Radsport-, Leichtathletik- und Triathlonverbände, Trainer. Betreuer, Ärzte und Journalisten) teilnahmen.«

Eine groteskere Variante Doping zu verschleiern ist kaum vorstellbar: Die von der Telekom finanzierte Tarnorganisation »Dopingfreier Sport« ließ sich vom Internationalen Olympischen Komitee ein Seminar finanzieren, in dessen »Nebenzimmern« Dopingmittel an Aktive ausgehändigt wurden!

Die Expertenkommission schob zwar das Wörtchen »vermutlich« in den Bericht – möglicherweise weil die Experten angesichts solcher Drogenbosspraxis fassungslos waren –, doch sind die Beweise im Grunde unantastbar.

Es fällt schwer, sich die filmreife Situation nicht ausmalen zu wollen: Jaksche reiste nach Herzogenhorn, um seine Dopingpillen und -spritzen abzuholen, traf dort Journalisten, die Vorträge über den »Dopingfreien Sport« hörten und die Gelegenheit nutzten, um Jaksche zu befragen, was er vom dopingfreien Sport hält.

Niemand scheint heute mehr interessiert daran, die Hintergründe dieses Komplotts aufzudecken, aber im Grunde müsste das Internationale Olympische Komitee das Nationale Olympische Komitee der Bundesrepublik Deutschland noch im Nachhinein wegen üblen Betrugs belangen.

## Nationalmannschaft gekauft

Wie derlei der Öffentlichkeit präsentiert wurde, offenbarte das Nachrichtenmagazin *Focus* am 28. November 2007 in seinem Beitrag »Telekom/T-Mobile – Auf-, Ab- und Ausstieg mit Doping«:

»Nach vielen fetten Jahren ist das Radsport-Sponsoring der Telekom nach wiederholten Dopingvorfällen nun vorbei. Von Team Telekom zu T-Mobile – die Geschichte des Radsportteams des größten europäischen Telekommunikationsriesen wird für immer zwei konträre Assoziationen bei Sportinteressierten auslösen: Erfolge, die in Tour-de-France-Siegen gipfelten und Dopingabgründe, die das gesamte Radsportsystem ins Wanken gebracht haben und schließlich einstürzen ließen. Als sich die Telekom 1991 entschloss, auf die Sponsoring-Karte Radsport zu setzen, um die Markenbekanntheit des mittlerweile privatwirtschaftlich geführten Unternehmens zu steigern, wunderte sich nicht nur Udo Bölts. ›Die Liebe zum Radsport muss bei den entscheidenden Personen sehr groß gewesen sein‹, meint der erste erfolgreiche Radprofi des Teams rückblickend. […]

Als einziger großer deutscher Rennstall kaufte Team Telekom […] die besten deutschen Fahrer zusammen, und galt lange als eine Art ›deutsche Radsport-Nationalmannschaft‹. Den absoluten Durchbruch aber schaffte die Telekom-Truppe mit dem Einkauf des Dänen Bjarne Riis, der 1996 den fünfmaligen Toursieger Miguel Indurain bezwingen konnte und die Tour de France gewann. […] Noch besser kam es aus Telekom-Sicht ein Jahr später […] eilte der 23-jährige Ullrich im Juli 1997 als erster deutscher Fahrer zum Tour-Sieg. […] Durch das explodierende Interesse der Deutschen am Radsport wurde das Telekom-Engagement zum wahrscheinlich effektivsten deutschen Sportsponsoring aller Zeiten. […]

Am Ende des Jahres beendet der Hauptsponsor T-Mobile die Zusammenarbeit mit der Betreibergesellschaft des Teammanagers Ludwig. […] Zur Saison 2007 setzt das einst erfolgsverwöhnte Team mit 13 neuen Fahrern auf ein neues Gesicht mit neuer Philosophie: Nicht mehr große Namen, sondern junge aufstrebende Fahrer sollen gefördert werden. Nicht mehr Toursiege, sondern der saubere Radprofi soll im Mittelpunkt stehen. T-Mobile spricht davon, eine Vorreiterrolle im Antidopingkampf einzunehmen und holt sich das Einverständnis aller Fahrer für DNS-Proben. Zudem sollen Blutvolumentests durchgeführt werden, um Doping zu verhindern. […]

Aber ausgelöst durch ein Enthüllungsbuch des Belgiers Jef D'Hont, der von 1992 bis 1996 als Masseur im

Team Telekom die Profis behandelte, erschüttern mehrere Doping-Geständnisse die Radsportszene. Zahlreiche Ex-Profis des ehemaligen Team Telekom geben Doping zu: Bölts, Bert Dietz, Christian Henn, Brian Holm, Aldag, Zabel und Bjarne Riis. Ein Ausstieg aus dem Sponsoring zieht die Telekom und ihre Tochtergesellschaft T-Mobile aber nicht in Erwägung: ›Wir bleiben drin‹, erklärt Telekom-Sprecher Philipp Schindera. Das Sport-Engagement dient immerhin als Zugpferd bei der Kundengewinnung und der Einführung neuer Dienste wie Fernsehen per Internet. Bis 2010 wolle man als Sponsor tätig bleiben, heißt es vor der Tour 2007.

Mitten in der Frankreich-Rundfahrt 2007 muss T-Mobile Patrik Sinkewitz suspendieren, der im Training positiv auf Testosteron getestet wurde. Die Glaubwürdigkeit des Teams und die Hoffnung der Fans auf sauberen Radsport sterben. T-Mobile musste erneut über den Ausstieg [...] nachdenken. Doch das Budget für 2007 allein betrug immer noch zwölf Millionen Euro, die refinanziert werden sollen. [...]

Am 27. November zog die Telekom dann doch noch die Reißleine. Mit dem Rückzug von T-Mobile, dem Inbegriff des deutschen Profi-Radsports um die ehemalige Galionsfigur Jan Ullrich, geht eine 16-jährige Radsportgeschichte zu Ende.«

So die Meinung der Medien, die es für durchaus relevant halten, dass die Industrie mit allen Mitteln den Sport benutzt, um das Marketing der Marktwirtschaft zu befördern.

Die dann berufenen Experten, die der Universität Klarheit liefern sollten, konnten sich darauf nicht berufen, sondern sollten aufklären, wie die führenden deutschen Sportmediziner den bundesdeutschen Sport wissentlich, wenn nicht gar vorsätzlich – und »flächendeckend« – verdopten.

Nicht übersehen werden darf, dass aber auch diese Fachleute ihre Zeitrechnung bei 1990 begannen und das Vor-1990-Doping-Geschehen ignorierten. Sie verzichteten nicht nur auf Fälle wie Jupp Elze, Birgit Dressel oder Ralf Reichenbach, sondern unternahmen auch nichts, um diese bislang noch intensiv verschleierte Phase aufzuarbeiten. Ihr Motiv lag auf der Hand. Nach 1990 hatte die DDR-Delegitimierung begonnen, und die dabei tätigen Richter hatten zahlreiche umstrittene Urteile letztlich nach »Sondergesetzen« gefällt, indem sie Doping straften, das in der BRD nie belangt worden war. Das ist keine Behauptung, sondern eine Tatsachenfeststellung, die durch die Nichtverfolgung der Morde an Elze und Dressel belegt ist.

Nachdem Doping – wie von mir hinreichend nachgewiesen – in der Alt- und der Neu-BRD nicht mehr zu leugnen oder als »Fehlleistungen« zu deklarieren waren, blieb der Freiburger Kommission nur noch der Spielraum, die juristischen Verjährungsfristen auszuschöpfen.

So wurde der Experten-Bericht, den man am 19. Mai 2009 der Öffentlichkeit präsentierte, zu einem beispiellosen Dokument der Doping-Wirklichkeit in der BRD.

Es war unmöglich, den Bericht im Wortlaut wiederzugeben, die folgenden Zitate lassen jedoch die Dimension ahnen: »Das Universitätsklinikum Freiburg hat in Absprache mit der Albert-Ludwigs-Universität Freiburg am 15. Mai 2007 eine Expertenkommission berufen, um

Dopingvorwürfe zu prüfen. [...] Bereits am 23. Mai 2007 gaben die Ärzte Professor Dr. Schmid und Dr. Heinrich schriftliche Erklärungen ab, dass sie während der 90er Jahre am Doping von Radsportlern durch Verabreichung von Epoetin (Erythropoetin, EPO) mitgewirkt haben. Daraufhin hat das Universitätsklinikum beiden Ärzten außerordentlich fristlos gekündigt.

Am 29. Mai 2007 räumte der Sportmediziner Dr. Georg Huber ein, in der Zeit von 1980 bis 1990 einzelnen U 23-Straßenradfahrern Testosteron verabreicht zu haben. Das Universitätsklinikum hat ihn daraufhin vom Dienst suspendiert.

Nach der Konstituierung am 31. Mai 2007 hat die Kommission mit ihren Nachforschungen begonnen. In 25 Sitzungen wurden insgesamt 77 Personen angehört: 37 derzeitige und vormalige Mitarbeiter der Abteilung Rehabilitative und Präventive Sportmedizin, sieben derzeitige und vormalige Mitarbeiter weiterer Einrichtungen des Universitätsklinikums, ein Mitarbeiter der Stabsstelle Öffentlichkeitsarbeit der Albert-Ludwig-Universität Freiburg, zwölf Radrennfahrer, 13 Zeugen aus den Rennställen und Sponsoren des Team Telekom und des Team T-Mobile, sechs Sachverständige und sachverständige Zeugen sowie ein weiterer Zeuge. [...]

Systematisches EPO-Doping des Team Telekom unter ärztlicher Anleitung von Professor Dr. Andreas Schmid und Dr. Lothar Heinrich wurde im Januar 1995 während eines Trainingslagers auf Mallorca begonnen. Die Ärzte brachten die Präparate zu den Rennen mit oder verschickten diese als Expresssendungen mit der Post, Transportunternehmen oder IC-Kurier an die von den

Radrennfahrern genannten Adressen. Die empfangenen Lieferungen wurde von den Radrennfahrern in der Regel bei Dr. Heinrich bar bezahlt. Bei einigen von Dr. Heinrich per Post verschickten Arzneimittelsendungen wurden die Versandkosten sogar über das Drittmittelkonto ›Dopingfreier Sport‹ abgewickelt.«

Diese Feststellung ergänzt den bereits erwähnten »Fall Jaksche«: Der Versand von Dopinggiften wurde aus dem Fonds ›Dopingfreier Sport‹ finanziert!

»Als Motiv für die Dopingaktivitäten der dopingbelasteten Ärzte kommt wenigstens von 2004 bis 2006 ein nicht unerheblicher finanzieller Profit hinzu. Zwischen Dr. Heinrich und den Rennställen Olaf Ludwig Cycling GmbH und der Neuen Straßen Sport GmbH bestanden private vertragliche Vereinbarungen. Das von der Olaf Ludwig Cycling GmbH für das Jahr 2006 erhaltene Honorar belief sich auf 60.000 Euro. [...]

Am 29. Mai 2007 räumte Dr. Georg Huber ein, in seiner Funktion als Verbandsarzt des Bundes Deutscher Radfahrer in der Zeit von 1980 bis 1990 einzelnen U 23-Straßenradfahrern das leistungssteigernde Hormon Testosteron verabreicht zu haben, um eine von ihm durch medizinische Tests festgestellte »Dysbalance« in der Regenerationsphase auszugleichen. »Dabei hat eine Aufklärung über Nebenwirkungen und Gefahren nicht stattgefunden.«

Dr. Huber hatte also als Verbandsarzt des Radsportverbandes (BDR) an Rennfahrer, die jünger als 23 Jahre waren (U 23) Doping verabreicht und darauf verzichtet, sie aufzuklären. Diese Feststellung ist im Hinblick darauf belangvoll, dass ähnliche Vorwürfe – oft unbewiesen

– heute noch als Vorwand benutzt werden, um DDR-Trainer unter Druck zu setzen.

## »Staatsdoping«

Aufschlussreich auch die Bewertung des verstorbenen Professor Keul. »Sicher ist [...], dass Professor Keul den kontrollierten Einsatz leistungssteigernder Mittel jedenfalls insoweit befürwortet hat, als sie den Athleten nicht schaden, und dass er stets zur Stelle war, wenn es galt, den Einsatz von Dopingmitteln zu verharmlosen. Schon 1976 wollte er das Augenmerk auf die Möglichkeiten einer medikamentösen Beeinflussung der Leistungsfähigkeit beim Menschen richten. Mit dieser Haltung zur medikamentösen Beeinflussung der Leistungsfähigkeit bei Hochleistungssportlern befand er sich im Einklang mit dein damals herrschenden allgemeinen Zeitgeist namhafter staatlicher Institutionen.«

So geschickt diese Formulierung auch ausgefeilt worden war, vermochte sie den Kern nicht zu verschleiern: Keul, von dem wieder und wieder bestätigt wurde, dass er die bundesdeutschen Olympiamannschaften betreute handelte im Sinne des »damals herrschenden allgemeiner Zeitgeists namhafter staatlicher Institutionen«.

Klartext: Keul tat, was man ihn geheißen hatte. Und zwar nicht irgendein Sportfunktionär, sondern die zuständigen staatlichen Institutionen!

Und dann wurde der von mir schon erwähnte Rettungsanker, die »Verjährungsfrist«, strapaziert: »Konkre-

71

te Angaben über Dopingpraktiken im Zeitraum 2001 bis 2005 von Radrennfahrern des Team Telekom bzw. Team T-Mobile hatte die Kommission bis zur Abgabe des Zwischenberichts vom 17. März 2008 nicht erlangt. Die schlüssige Erklärung für die zeitliche Einschränkung besteht darin, dass für diesen Zeitraum noch keine strafrechtliche Verjährung eingetreten ist. Teilweise sind Radrennfahrer des Team Telekom bzw. Team T-Mobile auch weiterhin als Radprofis aktiv. Zudem ist zu beachten, dass ab 2000 die Möglichkeit eines direkten Nachweises von EPO im Blut bestand und damit die Anwendung dieses Dopingmittels als riskanter als zuvor einzustufen war. Auch die Erfahrungen der geständigen Radprofis Jörg Jacksche und Patrik Sinkewitz im Zusammenhang mit der Suche eines Rennstalls für die Zeit nach Ablauf ihrer Dopingsperren haben mit Sicherheit Rennfahrer abgeschreckt, Dopingpraktiken in der Zeit von 2001 bis 2005 einzuräumen.

Dafür, dass es aber auch in den Jahren 2001 bis 2005 zur Durchführung von Doping gekommen ist, sprachen die persönliche Vergütung der Ärzte durch die Rennställe, wie sie im Zwischenbericht vom 17. März 2008 aufgelistet sind,«

In der Redaktion der *Welt* hatte ein Blick auf den Freiburger Bericht genügt, um zu erkennen, dass Leugnen kaum mehr als Ausweg zur Verfügung stand. Schon am 25. Mai 2007 widmete sich der Leitartikel (!) des Blattes – Autor Ulrich Clauss – dem Thema und endete mit den Worten: »Das Zusammenwirken öffentlicher Einrichtungen zum Zwecke der drogengestützten Leistungssteigerung im Sport nennt man Staatsdoping. So war es zum Beispiel im Falle der DDR. Wie soll man das nennen, was sich in den letzten zehn Jahren im deutschen Profi-Radsport abgespielt hat?«

Das war keine Preisfrage.

Aber es war eine Frage, die wenigstens noch verschleiern sollte, was sich lange vor jenem Radsportjahrzehnt in der BRD zugetragen hatte.

Kein forschender Blick in die Vergangenheit!

Keine Silbe zur Bundestagsdebatte am 17. März 1977. Der Parlamentarische Staatssekretär von Schoeler beantwortete Fragen des SPD-Abgeordneten Büchner. Erste Frage: »Wie beurteilt die Bundesregierung die besonders nach den Olympischen Spielen 1976 in Montreal bekanntgewordene medikamentöse Beeinflussung des Hochleistungssports und die Tatsache, dass auch Sportler aus der Bundesrepublik Deutschland mit zweifelhaften medizinischen Hilfen versorgt wurden?« (Deutscher Bundestag, 8. Wahlperiode, 18. Sitzung, 17. 3. 1977, S. 1113)

Zwei Ereignisse hatten damals die Gemüter besonders bewegt: Ruderfavorit Kolbe war, in Führung liegend, plötzlich zurückgefallen, rettete aber noch den zweiten Platz. Schon nach der Hälfte der Distanz von den live übertragenden Medien reichlich mit Vorschusslorbeeren bedacht, führte der plötzliche Leistungsabfall des so wettkampfharten Kolbe zu Reaktionen, die auch die solchen Situationen gewachsenen Reporter nicht deuten konnten. Wenige Stunden später wurde mitgeteilt, dass Kolbe eine Spritze erhalten hatte, »die ihm nicht bekommen sei«.

Das schockierte ahnungslose »Sportvolk« fuhr auf: Wer injizierte in der BRD-Mannschaft Spritzen?

Die Antwort des Staatssekretärs holte weit aus: »Es wäre – wie der Herr Bundeskanzler anlässlich des Empfangs der deutschen Olympia-Mannschaft am 9. September 1976 ausgeführt hat – sicherlich eine verhängnisvolle Fehlentwicklung, wenn aus einem Sport mit Rekorden ein Sport aus Retorten würde.

Andererseits darf nicht verkannt werden, dass die Grenzen zwischen physiologischen und unphysiologischen Hilfen zur Förderung der individuellen Leistung des Spitzensportlers fließend sind. Will man mit der Weltspitze des Sports Schritt halten, wird nicht von vornherein jede Form der Leistungsförderung ausgeschlossen werden können; andernfalls würden wir unseren Athleten Chancengleichheit in der internationalen Konkurrenz verwehren.« (Ebenda)

Der Staatssekretär lieferte dazu noch eine »moralische« Begründung: »Was in anderen Staaten erfolgreich als Trainings- und Wettkampfhilfe erprobt worden ist und sich in jahrelanger Praxis ohne Gefährdung der Gesundheit der Athleten bewährt hat, kann auch unseren Athleten nicht vorenthalten werden.

Die Bundesregierung stimmt jedoch mit Ihnen darin überein, dass es bei den Olympischen Spielen in Montreal in Einzelfällen auch zweifelhafte medizinische Hilfen gegeben hat. Dieser Art von Leistungsbeeinflussung wirkt die Bundesregierung mit ihren Mitteln und Möglichkeiten entgegen.« (Ebenda)

Frage 51: »In welcher Weise sind konkrete Auswirkungen auf die Förderungsziele des Spitzensports durch die Bundesregierung […] im Zusammenhang mit der inhaltlichen Ausgestaltung des ›humanen Leistungssports‹ zu erwarten?« Des Staatssekretärs Antwort: »Die Bundesregierung steht der medizinischen und pharmakologischen Leistungsbeeinflussung seit jeher kritisch gegenüber. Sie hat deshalb bereits im Jahre 1974 einen Beauftragten für Doping-Analytik bestellt, der durch die Feststellung spezieller Dopingstoffe und die Entwicklung neuartiger Untersuchungsverfahren dazu beiträgt, den leistungsverzerrenden Mißbrauch von Dopingmitteln zu verhindern und gesundheitliche Schäden im Hochleistungssport zu verhüten. Um aus positiven und negativen Erfahrungen insbesondere der Olympischen Spiele 1976 praktische Konsequenzen zu ziehen, habe ich in jüngster Zeit das Bundesinstitut für Sportwissenschaft beauftragt, im Zusammenwirken mit dem Bundesausschuß Leistungssport des Deutschen Sportbundes eine Arbeitsgruppe ›Hochleistungssport‹ einzurichten. […] Flankierend dazu fördert das Bundesinstitut für Sportwissenschaft verschiedene Forschungsvorhaben, die Möglichkeiten und Grenzen einer humanen Leistungsbeeinflussung aufzeigen sollen. Beispielhaft möchte ich folgende – noch nicht abgeschlossene – Projekte nennen:

- Wasserstoff- und Alkali-Ionenpermeabilität der Skelettmuskulatur bei Arbeit, Ermüdung, Erholung und ihre Beeinflussung durch Training
- Untersuchung der Einflüsse verschiedener chemischer Körper auf das Leistungverhalten
- Untersuchungen zur hormonalen Regulation insbesondere des Fettstoffwechsels bei Körperarbeit
- Dopinganalytik, Verbesserung der Routineverfahren; Pharmakokinetik von Dopingmitteln.« (S. 1113f.)

# Dopingversuchstest schon 1968

Diese Mitteilung war übrigens ohne Neuigkeitswert, denn schon im November 1968 (!) hatte Manfred Steinbach an der Universität Mainz zum Thema »Über den Einfluss anaboler Wirkstoffe auf Körpergewicht, Muskelkraft und Muskelgewicht« geforscht und in der in Köln erscheinenden Zeitschrift *Sportarzt und Sportmedizin* dazu geschrieben: »Seit erdenklichen Zeiten bemüht sich der Mensch um einen wohlgeformten Körper und um optimale Körperfunktionen. Beim Manne spielen dabei Muskelprofil und Muskelkraft eine hervorstechende Rolle. [...] Heute wissen wir, dass Wachstum und Differenzierung der Gewebe, hier speziell der Muskulatur, im Rahmen der erblich abgesteckten Möglichkeiten (Nöcker) durch die androgenen Hormone stattfinden.

Als deren biologisch wirksamstes hat sich das in den Leydigschen Zellen des Hodens entstehende Steroid Testosteron erwiesen, dessen Stoffwechsel unter anderem zum Auftreten von Androsteron (Butenandt) im Harn führt. [...] Viele der besten Sportler glauben ziemlich fest daran, dass manche aufsehenerregende Leistung unserer Tage unter Beteiligung entsprechender Präparate erfolgt ist, zumal in Einzelfällen auch schier unfaßbare Aufbesserungen im Körperbau imponieren. In erklärlicher Sorge, nun ins Hintertreffen zu geraten, wird der Sportarzt ständig mit entsprechenden Wünschen von den Athleten angegangen. [...]

Diese Tendenzen im Verein mit einer gewissen Unsicherheit, inwieweit die vorwiegend gebrauchten und verlangten Substanzen überhaupt geeignet sind, den gewünschten Effekt hervorzurufen, gaben den Anstoß zur vorliegenden Untersuchung. [...]

Zu diesem Zweck wurden 125 Jungen im Alter von 17 – 19 Jahren 3,5 Monate lang in einer Untersuchungsreihe erfasst. [...] Jeweils 13 Probanden der Gruppen C und D beschränkten sich dabei auf das Beintraining, die restlichen 12 auf ein Armtraining. [...]

Wir halten fest, dass das verabfolgte Anabolicum die Zunahme des Körpergewichts deutlich heraufsetzt. [...] Bedeutsam aber ist die Tatsache einer einwandfreien Erhöhung der Armkraft-Zuwachsrate bei ebenfalls nur 40prozentiger Belastung und gleichzeitiger Dianabolgabe. [...]

Abgesehen von einem Fall mit leichter Akne und 2-3 Fällen mit leichten vegetativen Störungen, deren Verursachung durch das Anabolicum keinesfalls als erwiesen anzusehen ist, waren keine Nebenwirkungen zu beobachten. Sichtbare Veränderungen oder Funktionsbeeinflussungen im Sexualbereich traten nicht in Erscheinung. [...] gelingt es tatsächlich, bei verminderter Trainingsbelastung die Ergebnisse zu erreichen, die sonst erst bei stärkerem Training auftreten.

Durch gezieltes Training eines Organes, etwa des rechten Armes, wodurch dieser isoliert zu kräftigen ist, kann auch der Dianaboleffekt dorthin verlagert werden, dem zufolge eine Potenzierung der reinen Trainingswirkung möglich wird. [...] Nach bisherigen Beobachtungen erweist sich das Anabolicum als ziemlich ungefährlich, dennoch ist es, falls Indikationen gegeben sind, nur unter strenger ärztlicher Aufsicht zu verordnen.«< (Steinbach; Über den Einfluss anaboler Steroide; *Sportarzt und Sportmedizin*; 11/1968 , S. 485f.)

1971 war dieser Versuchsreihe mit Jugendlichen eine weitere gefolgt, über die Dr. Keul im April 1971 auf einem Sportärztetreffen in Davos (Schweiz) Auskunft gab, was die *Frankfurter Allgemeine* ihren Lesern so schilderte: »Jetzt ist ein neues Problem aufgetaucht, über das die Sportmediziner unterschiedlicher Meinung sind: die sogenannten Anabolica sind Hormone, die aus dem männlichen Sexualhormon abgeleitet, aber ihrer sexual-spezifischen Wirkung weitgehend entkleidet sind, so dass lediglich eine eiweißanbauende Wirkung und damit die Bildung von Muskelgewebe begünstigende Stoff-wechselfunktion übrigbleibt. Diese Hormone, auch als ›kastrierte‹ männliche Sexualhormone bezeichnet, wer-den schon seit etwa zehn Jahren von Sportlern zur Ver-besserung ihrer Leistungsfähigkeit benutzt.

Die verbreitete Vorstellung, die Anabolica würden eine Leistungssteigerung bei Ausdauerleistungen bewir-ken, hat sich nicht sichern lassen. Dagegen berichtete Privatdozent Dr. Keul aus dem Freiburger Arbeitskreis von Professor Reindell auf dem sportärztlichen Seminar in Davos über Untersuchungen an 15 Schwerathleten, bei denen im Krafttraining die Leistung tatsächlich ge-steigert werden konnte.

Von den 15, seit Jahren im Training stehenden Ge-wichthebern erhielten acht für drei Monate alle vierzehn Tage eine Injektion mit einem derartigen anabolen Hor-mon und sieben nicht. Alle führten ihr Training unverän-dert fort. Während die sieben nicht behandelten Gewicht-heber ihre Leistung etwa auf der gleichen Höhe halten

konnten, wiesen die acht ›gespritzten‹ Athleten eine deut-
liche Leistungsverbesserung auf: alle acht überboten ihre
bisherigen persönlichen Bestleistungen. Vorläufig steht
noch nicht fest, wie lange diese Wirkung nach Beendi-
gung der Spritzbehandlung anhält; dies wird zur Zeit
überprüft.

Ist das nun Doping oder nicht?

Dr. Keul verneint diese Frage aus zwei Gründen: Einmal ist durch diese Hormone keine kurzfristige und rasch
vorübergehende Leistungssteigerung zu erzielen, während ja Dopingmittel in der Absicht genommen werden,
die Leistung kurzfristig für den Wettkampf zu verbessern. Dies aber ist hiermit nicht möglich. Zweitens
kommt es hier zu einer echten, messbaren und mindestens für eine gewisse Zeit anhaltenden Leistungssteigerung, die nicht durch Inanspruchnahme der letzten, dem
Willen nicht zugänglichen Leistungsreserven des Körpers erzielt wird, wie das für die Dopingmittel typisch ist.
Für die Praxis kommt noch hinzu, dass es keine Möglichkeit gibt, den Gebrauch dieser Mittel in irgendeiner
Form nachzuweisen.« (*FAZ*, 28. April 1971)


**Berendonk vergessen?**


Keine Silbe aus den Beiträgen der späteren DDR-Do-
ping-Chefanklägerin Brigitte Berendonk, die sich zum
Beispiel in der *Südeutschen Zeitung* vom 27. Februar
1977 empört hatte: »Eine der makabersten Szenen der
nun angebrochenen Endzeit des Amateursports ist sicher

jenes Fernsehinterview, das der gutmütig-ehrliche Olympiafünfte im Hammerwerfen, Walter Schmidt, in dem *ARD*-Dokumentarfilm ›Hormonathleten‹ gab. Inmitten von Kanülen und Pillen demonstrierte Schmidt, wie sich der Athlet von heute die Anabolika-Depot-Präparate selber spritzt – ein Bild wie bei den Heroinschießern, finanziert durch die deutsche Sporthilfe.«

Oder aus ihrem Beitrag für die *Welt am Sonntag* vom 13. November 1977: »Ich jedenfalls kann noch nicht glauben, dass Sport- und Staatsführung weiterhin so tatenlos, achselzuckend, ja fördernd dem Buschfeuer des Dopings zusehen. Ich kann nicht glauben, dass Herr Daume und Minister Maihofer weiterhin ein System unterstützen, das talentierte Mädchen vor die Wahl stellt, entweder Anabolika zu nehmen und sich vermännlichen zu lassen oder mit dem Leistungssport aufzuhören. Ich kann nicht glauben, dass weiterhin aus Steuermitteln das Doping von Kindern und Frauen finanziert wird, dass Beamte und Angestellte des Staates erwiesenermaßen die Gesetze übertreten und Menschen gefährden dürfen. Ich kann nicht glauben, dass die beträchtlichen Kosten für die Doping-Präparate weiterhin von Sporthilfemitteln abgezweigt oder sogar von Ersatzkrankenkassen erstattet werden. Ich kann nicht glauben, dass in den Bonner Ministerien weiterhin jene Schizophrenie anhält: dass das Innenministerium die Praktiken und Propagatoren des Hormon-Dopings bezahlt und deckt, während die Ministerien für Gesundheit und für Forschung die Risiken schädlicher Nebenwirkungen solcher Präparate für so bedenklich halten, dass sie entsprechende Forschungsprojekte fördern.«

Dieser Anklagen erinnerte sie sich kaum noch, als die DDR am Pranger stand und beschuldigt wurde, Kinder mit der Alternative konfrontiert zu haben: Doping oder Billard spielen!

Kein Silbe aus der Bundestagsrede des damaligen Bundesinnenminister Dr. Werner Maihofer im Jahr 1974: »Ob wir es wollen oder nicht: [...] Sport als Spitzensport ist dabei immer auch ein Wettstreit der Nationen und der Kontinente. Daran führt überhaupt nichts vorbei. [...] Damit wird Sport gerade heute zu einer der Hauptsachen nationaler Identifikation [...] und nationaler Repräsentation, [...] ja zu einem Gradmesser für die Leistungsfähigkeit des jeweiligen politischen Systems.«

Noch einmal: Ein Bundesminister erklärte 1974 den Sport zum »Gradmesser für die Leistungsfähigkeit des politischen Systems« und bescheinigte dem Sport eine »staatspolitische Bedeutung«!

Maihofer, im Oktober 2009 neunzigjährig verstorben, damals im Bundestag weiter: »Auch diese – ob wir dies nun wollen oder nicht – staatspolitische Bedeutung des Sports können wir [...] nicht hoch genug veranschlagen. Dieses grundsätzliche Verständnis von Sport in unserer heutigen Welt steht auch hinter der Sportpolitik dieser Bundesregierung. [...] Überall, wo Sportler Höchstleistungen erstreben, sieht sich der Sportler einer Vielzahl von Bedingungen gegenüber, die er allein nicht schaffen kann. [...] Hier müssen wir die Maßnahmen ansetzen, die die jeweilige Gesellschaft mit den ihr gemäßen Mitteln treffen kann. Ihr Ziel ist, jedem Sportler eine faire Chance in der internationalen Konkurrenz zu geben. Denn sonst sind alle Mühen und aller Schweiß –

selbst der besten – vergeblich vertan. [...] Die sportmedizinische Versorgung der Spitzensportler ist ein weiteres wichtiges Tätigkeitsfeld im Rahmen der Betreuung der Spitzensportler. Die Bundesregierung hat es ermöglicht, dass zur Zeit 16 sportmedizinische Untersuchungsstellen für Spitzensportler zur Verfügung stehen. Sie sorgt generell dafür, dass Spitzensportler bei Lehrgängen und Wettkämpfen sportärztlich und physiotherapeutisch versorgt werden. [...] Talentsuche, Talentförderung und Talentbetreuung des Hochleistungssportlers bedürfen selbstverständlich der begleitenden sportwissenschaftlichen Arbeit und Forschung. [...] Um es klar zu sagen: Ohne Sportwissenschaft heute kein Leistungsfortschritt, ohne Sportwissenschaft aber auch unzureichender Schutz des Menschen. [...]

Die Bundesregierung hat es dementsprechend als ihre Aufgabe angesehen, ihren Beauftragten für Forschungen und Untersuchungen auf dem Gebiet des Dopings zu bestellen, der neben seiner praktischen Arbeit die Aufgabe hat, grundsätzliche Erkenntnisse in diesem Bereich zu sammeln. (Deutscher Bundestages, 7. Wahlperiode, 131. Sitzung vom 14.11.1974, S. 8842ff.)

Woran sich auch kaum mehr jemand zu erinnern scheint: Die Regierung der Bundesrepublik Deutschland hatte einen »Beauftragten für Forschungen und Untersuchungen auf dem Gebiet des Dopings« ernannt. Im Jahr 1974!

Niemand – auch die Heidelberger Experten nicht – interessierte sich dafür, was dieser trieb oder veranlasste oder untersagte.

## »Sport – nationales Anliegen«

Keine Silbe auch darüber, dass die Bundesregierung den politischen Nutzeffekt des Sports auch zwei Jahrzehnte später nicht korrigiert hatte. 1996 hieß der Bundesinnenminister Manfred Kanther und der antwortete dem *Deutschlandfunk* auf die Frage: »Sind Sportmedaillen ein wichtiges, ein sehr wichtiges, nationales Anliegen?« eindeutig: »Ja, sie sind ein nationales Anliegen. Sie sind in einem Teilaspekt Ausweis des Leistungsvermögens eines Volkes.« (*Beiträge zur Sportgeschichte*, 4/1997, S. 100)

Auch keine Silbe darüber, dass das Bundesinnenministerium am 1. Oktober 1997 vorab Ausführungen des Ministers (Sperrfrist 14 Uhr) verbreiten ließ: »Spitzensport als Standortfaktor für Deutschland. Der Bundeskanzler hat Erfolge unserer Spitzensportler als überzeugende Werbung für den Standort Deutschland und unser Made in Germany bezeichnet. Aus den Leistungen und dem Verhalten unserer Spitzensportler erwächst ein Stück Ansehen für Deutschland in der Welt.

Medaillenerfolge stellen in diesem Sinn ein nationales Anliegen dar. [...]

Ich bin mit den Spitzenorganisationen darin einig, dass Deutschland weiterhin eine führende Position in der Welt im Spitzensport anstreben sollte. [...]

Jüngstes Beispiel für die Fähigkeit des Sports, Identifikation auszulösen, ist die Begeisterung der Deutschen für den ersten deutschen Tour-de-France-Sieger Jan Ullrich.«

Keine Silbe darüber, dass in allen »Etagen« gedopt wurde. So verriet die *Süddeutsche Zeitung* am 20. Dezember 1989: »Muskelmast auf Befehl von oben – Wie im Bundeswehr-Leistungszentrum der Gewichtheber Anabolika verordnet wurden.«

Wieder nur Auszüge: »›Irgendwann hatten sie Blut im Urin‹, später seien sie sogar impotent geworden, sagt Gerhard Sigl. Dann hätten sie kurzzeitig aufgehört ›und sobald sie ihn wieder hochgekriegt haben, ging's weiter mit dem Zeug‹. Der 32-jährige Vermessungsingenieur wägt die Worte nicht gerade fein ab, wenn er über Doping im Gewichtheben spricht. Doch der Mann weiß genau, wovon und vor allem von wem er spricht, wenn er aus eigener Anschauung sagt, was viele über die chemische Muskelzucht schon immer wissen wollten.

Die Erfahrungen des Spitzenhebers beim SC München 06 reichen in die Zeit, als in der Münchner Pionierkaserne in der Domagkstraße gerade ein Bundeswehr-Leistungszentrum für Gewichtheben aufgebaut wurde, Ende der 70er Jahre. Sigl, ein Athlet, der heute in der Zweiten Bundesliga der Gewichtheber aktiv ist und damals beinahe den Sprung in die Olympia-Auswahl für die Moskauer Spiele geschafft hätte, ist ein intimer Kenner: ›Weil ich das Zeug selber besorgt habe.‹ Und das keinesfalls aus freien Stücken, so der radikale Doping-Gegner, sondern ›auf dienstlichen Befehl‹ seines damaligen Vorgesetzten, Reinhold Schertl. Der war zu dieser Zeit Kompaniechef und gleichzeitig Vorsitzender des Bayerischen Gewichtheberverbandes.

Der heute 62-jährige bekleidet dieses Amt bereits seit vier Jahren nicht mehr und leitet stattdessen sein florierendes Fitness-Studio in Münchens feinem Arabella-Park. Schertl behauptet, von derartigen Anweisungen nichts zu wissen: ›Ich war gerade mit sowas immer sehr verantwortungsbewusst.‹ Er habe ›nur Eiweißprodukte weitergegeben und Vitamine‹.

Sigl beschreibt die Vergabepraxis anders: Als einer der ersten Athleten in jenem Bundeswehr-Leistungszentrum sei er der Kontaktmann gewesen, der das Hormonpräparat Dianabol erhalten habe, das er wiederum ›an unsere Leute‹ weiterzuleiten hatte. Bekommen habe er es über die Kaderathleten im Modernen Fünfkampf, die ihrerseits aus einer ›medizinische Beschaffungsstelle in Hamburg‹ versorgt worden seien. Vor allem der mehrmalige bundesdeutsche Meister Helmut Bachfisch, der ›später selbst kein Hehl gemacht hat‹ aus seinem Chemie-Konsum habe kräftig zugelangt, sagt Sigl. Ebenso Helmut Müller, heute aktiv in der Olympia-Vorbereitung. Auch Rolf Milser, Olympiasieger 1984 und heute als Bundestrainer verantwortlich für die Junioren, habe davon gewußt. Bachfisch und Müller hätten ihm freimütig von jenen eingangs erwähnten eigenartigen Reaktionen ihres Körpers berichtet.«

**Vorsicht – Dopingkontrollen!**

»Die Münchner Doping-Connection müsste auch Ewald Spitz, dem damaligen und heutigen Bundestrainer, bekannt gewesen sein. Der habe einmal sogar ihn, Sigl, vor einem internationalen Wettkampf vor einer Dopingkontrolle gewarnt, ›obwohl ich ja nie etwas genommen habe‹. Und auf schriftliche Einladungen zu Wettkämpfen habe der Bundestrainer schon mal die Warnung hinzugefügt: ›Vorsicht, Dopingkontrollen.‹ Diese Kontrollen, versichert Sigl, seien abgesprochen gewesen zwischen dem Gewichtheberverband und dem Bundesausschuss für Leistungssport (BAL), in dem Lothar Spitz, der Bruder des Bundestrainers, unter anderem für die Gewichtheber zuständig ist. ›Das war immer so. Wenn wir früher international unterwegs gewesen sind, war die Kontrolle vorher ausgemacht. Und auch bei den deutschen Meisterschaften hat man das den jeweiligen Athleten vorher gesagt.‹

Denen, die das als ungeheuerlich abtun, kommt Sigl mit dem gesunden Menschenverstand: ›Sie werden doch nicht glauben, dass der Bundestrainer und der BAL die an einer Hand abzählbaren Spitzen-Athleten auch noch strafen durch Kontrollen?‹

Einer dieser wenigen ist der Bundeswehr-Oberfeldwebel und bundesdeutsche Paradeheber Manfred Nerlinger (28), der davon profitierte, dass Schertl nach seinem Weggang von der Pionierkaserne für den Aufbau einer Sport-Förderkompanie in Sonthofen sorgte, wo er noch immer trainiert. Von Nerlinger wisse er nichts außer, dass ›der unseren Sport im Fernsehen gut verkauft‹, so Sigl. ›Aber die Anabolika schauen dem ja auch bei den Pupillen heraus‹. Nerlinger weist diese Unterstellung brüsk zurück: ›Völlig aus der Luft gegriffen.‹

Als Motiv dafür, ihn und andere öffentlich ›zu diskreditieren‹, vermutet Nerlinger den Neid des Kollegen, der es zwar zu 15 bayerischen Titeln brachte und bundesdeutscher Jugend- und Juniorenmeister wurde, aber eben nie mehr.

Sigl fühlt sich weit davon entfernt, seinen Sport in Verruf zu bringen. Wenn er nach Doping gefragt werde, sage er eben die Wahrheit. Die könne dem Sport nur nützen. Denn nur wenn Eltern und Jugendliche sähen, dass es auch ohne die gefährlichen Helfer geht, gebe es auf Dauer eine Perspektive für das Gewichtheben. An seiner Person mag man freilich sehen, dass es ohne eben doch nicht geht, zumindest unmöglich ist, die allerschwersten Eisenberge zu versetzen. Er selbst hätte damals nur jeweils fünf Kilo mehr stoßen und heben müssen, um sich für die Spiele in Moskau zu qualifizieren, die dann ohnehin boykottiert wurden. Sigl ist den anderen Weg gegangen. Andere sind immer noch nicht umgekehrt.«

## Doping im Alltag

Hier war bislang nur von Sporttreibenden die Rede, die mit Hilfe von Doping ihre Leistungen steigern wollten. Die heutige »Markt«-Gesellschaft zwingt Millionen an sportlichen Höchstleistungen Desinteressierter, sich für Doping zu interessieren.

Das nämlich ist gefragt, um in der brutalen Gegenwartsgesellschaft nicht zu versagen. Die *Süddeutsche Zeitung* vom 26. Mai 2009 stellte in einem Interview dem Suchtforscher Peter Raschke eine Frage, die im Grunde schon eine aufschlussreiche Antwort enthielt: »In ihrem Gesundheitsreport 2009 berichtet die Deutsche Angestellten Krankenkasse, dass zwei Millionen Deutsche schon einmal Psychopharmaka geschluckt haben, um ihre Leistungsfähigkeit am Arbeitsplatz zu steigern. 800.000 Menschen tun es angeblich sogar regelmäßig.«

Damit würde bestätigt, dass – krass, aber verständlich formuliert – kapitalistische Ausbeutung die Menschen nicht nur zu Doping verleitet, sondern sie sogar dazu zwingt.

Und zwar nicht nur im Rennsattel, sondern auch am Schreibtisch, vor dem Computer, am Produktionsband. Wer nicht versagen und dadurch nicht in soziale Not geraten will, greift heutzutage zum Doping und wird damit zum Kunden der Pharma-Industrie. Nicht gleich ein Abnehmer von EPO – schon weil er den dafür nötigen Blutaustausch gar nicht bezahlen könnte –, sondern zu erschwinglichen Mitteln.


## Die Arena der Politiker


Als in Helsinki bei den Olympischen Spielen 1952 zum ersten Mal die Athleten der USA und der UdSSR aufeinandertrafen, geriet dieses im Grunde rein sportliche Duell, das am Ende nur durch Stoppuhren entschieden wurde, zu einem politischen Duell der Systeme.

Vier Jahre später kam das unser Thema tangierende deutsch-deutsche Duell hinzu. Zunächst verlegte sich die Bundesrepublik darauf, durch politische Schachzüge und Appelle an ihre Verbündeten, die DDR von den Olympischen Spielen fernzuhalten. Man betrieb das mit solcher Hemmungslosigkeit, dass selbst der BRD politisch nahe stehende einflussreiche internationale Funktionäre – die sich obendrein durch langjährige persönliche Freundschaften verpflichtet sahen – abwinkten und sportliche Fairness den politischen Intrigen vorzogen.

So zum Beispiel der US-amerikanische Multimillionär und IOC-Präsident Avery Brundage, der der BRD eine goldene Brücke zu bauen glaubte, als er das IOC 1955 über eine »gesamtdeutsche« Mannschaft abstimmen ließ. Er glaubte, auf diese Weise der bundesdeutschen Politik Rechnung zu tragen, in dem er die DDR faktisch in der olympischen Arena optisch gar nicht in Erscheinung treten ließ, doch die BRD ignorierte diese Brücke. Sie votierte gegen eine Mannschaft mit den »Brüdern und Schwestern«, blieb dabei aber in einer peinlichen Minderheit.

Ein Fakt übrigens, der immer übergegangen wird, wenn Geschichte »aufgearbeitet« wird.

Es folgten die von Schäuble erwähnten Olympia-Ausscheidungen, die eines Tages damit endeten, dass ein Mitglied des ZK der SED an der Spitze der »gesamtdeutschen« Mannschaft in die Olympiaarena marschierte.

Als die DDR untergegangen war, begann der Rachefeldzug. Die Doping-Prozesse waren ein Frontabschnitt.

Als einen der ersten hatte man den bundesdeutschen Juristen Prof. Dr. Heinrich Reiter 1991 beauftragt, Doping in Deutschland zu untersuchen. Man erwartete von ihm und seiner aus Experten formierten Kommission eine Verurteilung der DDR. Er kam nicht umhin, auch die Feststellung in den Bericht aufzunehmen: »Exakte Aussagen über den Umfang des Dopings in den alten Bundesländern können nicht gemacht werden.«

Das war eine unseriöse Behauptung im Hinblick auf Doping in der BRD. Reiter hätte am nächsten Kiosk den *Spiegel* Nr. 13/1990 kaufen können. Auf Seite 236 hätte er über den Kornwestheimer Kugelstoßer Kalman Konya erfahren können: »Der 28-jährige gehört zu jenen Athleten, die sich heimlich an der verbotenen hormonellen Muskelmast beteiligen – Kalman Konya hat sich über Jahre hinweg mit Anabolika gedopt. Der Beweis lagert still im Institut für Sport und Sportwissenschaften der Universität Heidelberg. Die Magisterarbeit mit dem unverfänglichen Titel ›Relevanz und Entwicklung ausgewählter Kraftparameter bei Kugelstoßern der nationalen Klasse‹ liegt unter Verschluss. Die wissenschaftliche Studie, vorgelegt im März 1989 von Norbert Wolf trägt einen Aufkleber mit dem ausdrücklichen Vermerk: ›Nicht auszuleihen – ohne Ausnahme.‹

Was auf jeden Fall geheimgehalten werden soll, steht in der ›Anlage 3‹, die sich mit der ›Problematik Anabolika‹ befasst. Darin wird wissenschaftlich nüchtern der Anabolika-Verbrauch von gleich drei Kugelstoßern aufgeführt und mit klinischen Analysen dokumentiert:

Kalman Konya schluckte 1988 eine Tageshöchstdosis von etwa 25 bis 30 Milligramm ›Stromba oral und andere Präparate‹. [...]

Die geheimgehaltene Arbeit belegt die Dreistigkeit, mit der im deutschen Sport gedopt wird. Auch im Jahr nach dem Tod der mit Medikamenten vollgepumpten Birgit Dressel, damals von zungenfertigen Funktionären zum bedauerlichen Betriebsunfall heruntergeredet, spritzte und schluckte in Wahrheit nahezu jeder besserer Sportler der Republik. [...]

Keine Reaktion gab es, als der Hochspringer Carlo Thränhardt enthüllte, seine private Umfrage innerhalb des Nationalkaders habe ergeben, dass ›über die Hälfte der Sportler gedopt‹ sei. Und als im Herbst letzten Jahres der Trierer Gewichtheber Jürgen Hofmann des Dopings überführt wurde, fand der Verbandsarzt Bern Dörr ganz schnell den ›Kunstfehler‹ heraus: Bei Hofmann seien aus Versehen ›die Spitzen verwechselt‹ worden, er habe ›anstatt einer Vitaminspritze eine mit Anabolika-Anteilen‹ bekommen. […]

Die Allianz des Schweigens hat ihren Grund. Der Spitzensport hat sich zu einem prosperierenden Geschäftszweig entwickelt. Die Industrie investiert allein in der Bundesrepublik jährlich eine Milliarde Mark in die Werbung mit dem Sport, den Fernsehgesellschaften sind die TV-Senderechte beinahe 100 Millionen Mark wert. Selbst das Bundesinnenministerium, in diesem Jahr (*1990 – K. H.*) mit 71,5 Millionen Mark an der Sportfinanzierung beteiligt, will für die Steuergelder vor allem Gold, Silber und Bronze sehen. Bei Niederlagen werden die Zuschüsse prompt gekürzt. […]

Wie die Helden ihre Rekorde schaffen, ist hingegen weniger interessant. […] Die Maxime ist gnadenlos: höher, schneller, weiter – bis die Sehne reißt, die Niere versagt oder die Leber vom Tumor zerrissen ist. Als wären die Sportler noch wirklich frei in ihrer Entscheidung für oder gegen Spritze und Pille hat die *Frankfurter Allgemeine* für den Westen den Begriff des ›demokratischen Dopings‹ geprägt. Das insiniert so trefflich eine weitaus harmlosere Variante als bei den zentralistischen Manipulationssystem des Ostblocks.

Tatsächlich aber funktioniert das Doping im Kapitalismus nur deshalb so verblüffend reibungslos, weil auch hier schon seit Jahren Hinter- und Dunkelmänner konsequent Regie führen: Funktionäre und Sportmediziner. Die Doktoren übernahmen dabei frühzeitig eine Doppelrolle. Öffentlich bestritten sie die schädigenden Nebenwirkungen der Anabolika-Einnahme, heimlich wurden sie sogar zu Dopinghelfern.«

Nur der Ordnung halber: Gegen diese Feststellungen hat nie ein bundesdeutscher Sportarzt oder Sportfunktionär Widerspruch eingelegt oder gar geklagt, nie erschien im *Spiegel* eine Mitteilung, dass man Wahrheitswidrigkeiten verbreitenden Informanten aufgesessen sei.

Diese Feststellung erscheint mir von Belang, weil der *Spiegel* – siehe oben – bereits 1990 als Wahrheit eingeräumt hatte, woran ich nun 2009 erinnere.

Der *Spiegel* hatte 1990 auch zugegeben, dass man an Hinweisen auf die Wahrheit im bundesdeutschen Doping wenig interessiert war: »Die Autoren des Buches ›Doping im Sport‹ (München 1990) etwa wurden noch vor Erscheinen massiv unter Druck gesetzt. Die jungen Mediziner sollten ihr Projekt aufgeben, weil es der Sportmediziner-Zunft schade. An fast allen Sportmedizinischen Instituten wird im verborgenen eifrig nach neuen Dopingerkenntnissen geforscht. Nicht selten stellen sich Athleten als Versuchskaninchen zur Verfügung. Zum einen bauen sie auf die Verschwiegenheit der Mediziner, zum anderen erhoffen sie sich neue Erkenntnisse für die allgemeine Dopingpraxis.«

Dies wiederum erinnerte mich an den Abend in Potsdam, wo zwei Autoren beklagt hatten, dass niemand

auch nur einen Pfennig zur Förderung ihrer Dopingunter-
suchungen zu geben bereit sei.

Warum?

Weil sie Doping in der BRD und nicht in der DDR untersuchen wollten!


## Der Kontrolleur als Tippgeber


Der *Spiegel* Nr. 13/1990 hatte sich auch mit der Rolle
des Leiters des Kölner Dopinginstituts, Prof. Rolf Donike befasst, der »in Rundfunk und Fernsehen stets als un-
erbittlicher Dopingfahnder zur Stelle« war, sich hinter
den Kulissen aber als einer der rührigsten Dopingerfor-
scher betätigte. So hatte er auch eng mit Dr. Sehling zu-
sammengearbeitet, der den Kugelstoßer Konya – so der
*Spiegel* – mit Dopingmitteln versorgt hatte und dann die
Urinproben zu Donike geschickt hatte, um einen Befund
zu erhalten.

»Vergeblich wartete der Heidelberger Arzt auf einen
schriftlichen Bescheid aus Köln. Dafür schellte eines
Tages das Telefon, der Herr Professor meldete sich
höchstpersönlich, um die, natürlich positiven, Analyse-
werte durchzugeben und zu erläutern. Wo jeder Landarzt
einen sogenannten Arztbrief zu schreiben hat, erledigt
Donike die Angelegenheit in höchstem Maße konspira-
tiv – aber eben ohne Spuren, nicht einmal eine Rechnung, zu hinterlassen. Der Leiter des Instituts für Bioche-
mie an der Kölner Sporthochschule war schon 1977 in
den Verdacht geraten, Athleten und Trainern bei der Be-

rechnung der Dopingabsetztermine zu helfen und positive Befunde keineswegs immer zu veröffentlichen. [...]

Donikes dubiose Rolle zwischen Gehilfe und Polizist ist wohl auch systembedingt. Für seine Dopingjagd wird er mit öffentlichen Mitteln ausgestattet. Gleichzeitig aber sind ihm auch Privatliquidationen erlaubt. So hat Donike mit vielen Fachverbänden Verträge ausgehandelt, die zusätzliche Testuntersuchungen festlegen. Die Klientel, die des Dopings überführt werden soll, finanziert ihren Jäger – mit dem Ergebnis, dass die westdeutsche Sportprominenz durch saubere Ergebnisse glänzt.

Wie selbstverständlich die Chemikalienversorgung der Sportler inzwischen geworden ist, belegt die Tatsache, dass auch das für den Leistungssport zuständige Bonner Innenministerium mitmischt. Keuls und Donikes Institute veröffentlichten kürzlich die Ergebnisse einer gemeinsamen mit öffentlichen Gelder geförderten Studie. Dafür hatten die beiden Professoren Skilangläufern der Nationalmannschaft, des Landeskaders Baden-Württemberg und des Schwarzwälder Skiklubs SZ Brend die heute gebräuchliche Übergangs-Doping-Substanz Testosteronextrakt (Präparat ›Testoviron-Depo‹ der Firma Schering) gespritzt. [...] Angesichts der ministeriellen Unterstützung genehmigte die Ethische Kommission der Universität Freiburg bereitwillig das erkennbare Dopingmedizinprojekt.«

Auch in diesem Fall galt: Niemand erhob Widerspruch, also gelten die geschilderten Fakten als unbestrittene Tatsachen.

Nämlich: Prof. Dr. Donike fungierte in der Bundesrepublik Deutschland als Leiter des vom IOC anerkannten

Labors – präziser: das Internationale Olympische Komitee hatte dem unter Prof. Donikes Leitung stehenden Labor Dopingkontrollen übertragen, die garantieren sollten, dass Doping aufgedeckt würde und sich das IOC auf diese Befunde berufen könnte – und betätigte sich selbst als Doper oder nutzte die ihm dadurch zugänglichen Informationen, um in der BRD betriebenes Doping zu verschleiern. Und er tat dies letztlich im Auftrag der Bundesregierung!

Mit dieser Doppelrolle deckte er auch das flächendeckende Doping in der BRD.

Zu welchen skurilen Situationen dieses System führen konnte, offenbarte der *Spiegel* im gleichen Beitrag: »Vor einem Dreiländerkampf Italien-Deutschland-Polen 1983 in Turin waren die Funktionäre übereingekommen, keine Dopingkontrollen durchzuführen. So wurde den Kugelstoßern, Diskus- und Hammerwerfern rechtzeitig bedeutet: ›Ihr könnt durchfuttern.‹ Bei der Mannschaftsbesprechung am Vorabend des Länderkampfes stürzte Bundestrainer Karl-Heinz Leverköhne, verantwortlich für die Werfer, blaß ins Zimmer: ›Es wird doch kontrolliert, die haben uns reingelegt.‹ Die kräftigen Männer wollten daraufhin nicht starten – doch eine Abreise hätte wie ein Eingeständnis gewirkt.«

Also mussten die Trainer Pläne schmieden, wie die Athleten die Plätze eins und sechs vermeiden konnten. Das endete damit, dass die BRD-Mannschaftsleitung den Hochspringer Dietmar Mögenburg – von dem man wusste, dass er nicht gedopt worden war – für das Kugelstoßen nominierte, wo er prompt Letzter wurde, aber eben unbesorgt zur Dopingkontrolle gehen konnte.

Es ließen sich seitenlang Beweise dafür präsentieren, wie umfassend in der BRD gedopt worden war und mit welchen Tricks das verschleiert wurde.

Als das zum Beispiel dem Langstrecken-Olympiasieger Dieter Baumann misslang und er am 19. Oktober 1999 des Dopings mit Nandrolon überführt worden war, konstruierte er daraus einen »Anschlag«, der mit Hilfe einer Zahnpastatube zum positiven Befund geführt hätte. Prompt sprach ihn der bundesdeutsche Leichtathletikverband am 13. Juli 2000 vom Vorwurf des Dopings frei.

Die Internationale Föderation (IAAF) war jedoch nicht bereit, diese Entscheidung zu akzeptieren, sperrte ihn vom 18. September 2000 bis zum 21. Januar 2002 und annullierte zudem seinen nationalen Titelgewinn über 5000 m.

Der Molekularbiologe Werner Franke, Wortführer im Anti-DDR-Feldzug daraufhin: »Seine Zahnpastatuben waren verseucht, erwiesenermaßen eine alte Stasi-Methode.« (*Spiegel* 33/2006)

Was bleibt da noch zu sagen übrig?

Vielleicht hilft Gorki (1868-1936) aus dieser Klemme?

»Die Teufel in der Hölle leiden Qualen vor Neid, wenn sie sehen, mit welcher jesuitischen Gewandtheit die Menschen sich gegenseitig verleumden.«

Vor allem – das konnte Gorki nicht voraussehen –, wenn es um die DDR geht. Und mit besonders blindem Hass, wenn deren sportliche Triumphe erörtert werden.